110 Aran Patterns
대바늘 아란무늬 패턴집 110

일본보그사 지음 | 남궁가윤 옮김

한스미디어

Contents

아란 제도와 아란무늬 ——— 4
Short Story

대표적인 아란무늬 ——— 6
Aran Sweater Patterns

케이블 ——— 6
다이아몬드 ——— 7
생명의 나무 ——— 8
블랙베리 ——— 9
지그재그, 집게발, 인버티드 걸 ——— 10
블라니 키스, 격자, 바구니 ——— 11
벌집, 멍석뜨기, 인생의 사다리, 고무뜨기 ——— 12

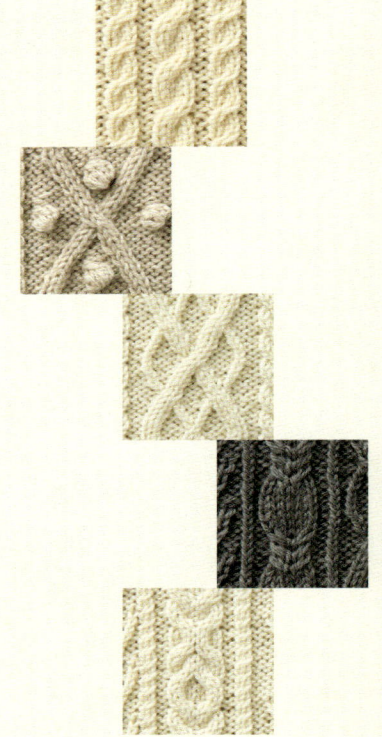

아란무늬 110 ——— 13
110 Aran Patterns

◆ 무늬 기호도 보는 법

기본 무늬 ——— 14
큰 무늬 ——— 42
방울무늬 ——— 58
비침무늬와 조합하기 ——— 77

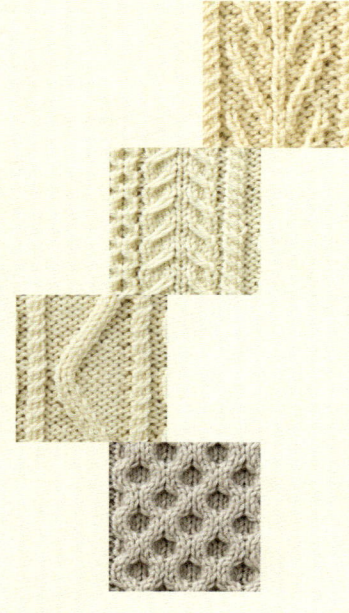

작품을 떠보자 —— 89
Let's Try The projects!

◆ 무늬를 작품에 이용할 때의 힌트

나무와 벌집무늬 모자 —— 90

케이블무늬 룸 삭스 —— 91

바구니무늬 넥워머 —— 92

다이아몬드와 나무무늬 손모아장갑 —— 93

블랙베리와 나무무늬 카디건 '여성용 M' —— 94

블랙베리와 나무무늬 스웨터 '남성용 M' —— 95

이 책에서 사용한 실 —— 96

작품 뜨는 법 —— 97
How to knit

뜨는 법 기초 —— 108
Basic Technique Guide

무늬뜨기 뜨개바탕에 사용한 실 퍼피 퀸 애니

표지에 사용한 무늬 p.60・069/p.18・010/p.62・072/p.72・087/p.21・016/p.24・021/p.44・047/p.78・095/p.18・009/p.14・002/p.36・037/p.14・001/p.17・007/p.63・074/p.30・031/p.34・035

일러두기 '아란 제도'의 표준어는 '애런 제도'입니다. 이 책에서는 애런 제도에서 생겨난 무늬라는 점을 한눈에 알아볼 수 있도록 '아란무늬'와 통일해 '아란 제도'라고 표기했습니다.

아란 제도와 아란무늬
Short Story

돌을 쌓아서 구역을 나눈 이니시모어섬의 풍경

유럽의 서쪽 끝으로 알려진 '비경의 땅'

아일랜드(아일랜드어로는 에이레)는 유럽 서쪽에 위치하는 홋카이도 정도 크기의 섬으로 아일랜드섬의 남쪽 4분의 3을 차지합니다. 12세기 이후 영국의 통치를 받다가 1949년에 독립했지만, 지금도 아일랜드섬의 북쪽 4분의 1은 북아일랜드라고 해 영국에 속해 있습니다.

아란 스웨터는 아일랜드의 수도 더블린에서 서쪽으로 200km 떨어진 골웨이만 앞바다에 떠 있는 '아란 제도'에서 탄생했습니다. 아란 제도는 서쪽부터 이니시모어, 이니시만, 이니시어와 3개의 섬으로 이뤄져 있고 게일어로 '큰 섬', '가운데 섬', '동쪽 섬'을 뜻합니다.

대서양에서는 세찬 바람이 불어오고 하늘에는 낮게 구름이 드리워서 초목도 제대로 자라지 않는 땅에 돌담을 쌓아서 구역을 나눈 풍경. 인간의 접근을 거부하는, 알려지지 않은 '비경의 땅'이 떠오르지만, 현재의 아란 제도는 아일랜드를 대표하는 큰 관광지입니다. 서쪽 해안에

봄부터 여름에 걸쳐서 많은 관광객이 찾는 이니시모어섬은 인기 관광지

이니시모어섬의 현관 킬로난 항구는 알록달록한 공예품점과 카페가 관광객을 맞는다

있는 도시 골웨이에서 버스와 페리로는 약 40분이 걸리고 경비행기를 타면 본토에서 10분 정도면 건너갈 수 있습니다. 이니시모어섬의 현관에 해당하는 킬로난 항구에서는 알록달록한 공예품점과 카페, 토산물 가게가 관광객을 맞이합니다.

감자 등의 농업과 어업이 이 섬의 주 산업입니다. 남자들은 나무로 만든 뼈대에 캔버스 천을 씌워서 콜타르를 칠한 작은 배를 타고 고기잡이에 나섭니다. 아란 제도의 겨울 바다는 언제나 거칠어서 고기잡이에 나갔다가 조난하는 일도 끊이지 않는다고 합니다.

신비한 전설의 스웨터

아란 제도는 혹독한 섬의 생활을 그린 J. M. 싱의 희곡 《바다로 달려가는 사람들》(1904년 초연)과 여행기 《아란 제도》(1907)로 유명해졌습니다. 그리고 영국의 다큐멘터리 영화 〈아란 사람들〉(1935)과 그 영화로 유행한 모자 '맨 오브 애런 베레'를 통해 전 세계에 알려졌습니다.

19세기 중반부터 20세기에 걸쳐서 영국 어부의 노동복으로 정착한 '건지 스웨터'가 아일랜드에 전해집니다. 아란무늬의 특징이 완성된 1930년, 수예 재료를 취급하는 사업가 하인츠 키위는 건지 스웨터와 똑같은 네이비 블루 털실로 짠 아란무늬 스웨터에 주목합니다. 그는 스웨터의 색을 염색하지 않은 색으로 바꾸고 무늬 하나하나에 아란 제도의 생활과 종교적인 의미를 부여해 세상에 내보냈습니다.

1938년에는 메리 토머스가 아란무늬 모음집을, 1955년에는 영국에서 전통 니트를 부활시킨 개척자 글래디 톰슨이 《건지와 저지 무늬 뜨기》를 출판했습니다. 이 책에서 "아란 스웨터는 최고의 예술"이라고 절찬받았습니다.

견진성사 기념사진에서 염색하지 않은 스웨터를 입은 소년들을 찾아볼 수 있다

1950년 무렵에 촬영한 아란 제도의 견진성사 사진을 보면 남자아이 대부분은 염색하지 않은 실로 짠 아란 스웨터를 입고 있음을 알 수 있습니다. 아란 스웨터는 소년의 나들이옷이었습니다. 당시의 이런 관습에서도 알 수 있듯이 아란 스웨터는 아일랜드의 새로운 산업으로 발전했습니다.

"고기잡이를 나갔다가 조난당한 익사자의 신원은 그 사람이 입고 있는 스웨터의 뜨개무늬로 확인한다." 이것은 아란무늬가 각 집안의 문양 역할을 한다는, 아란 스웨터에 얽힌 이야기입니다. 그러나 스웨터에 넣는 무늬는 뜨개질하는 사람의 취향이나 특기에 따른 것일 뿐, 아란 스웨터에 그런 역사나 깊은 의미는 없었습니다. 하지만 목숨을 걸고 고기잡이에 나가는 가족이 무사하기를 기원하며 정성을 담아서 스웨터를 짠 것은 분명한 사실입니다. 이 같은 신비한 이야기도 한몫해 아란 스웨터는 세계적으로 인기를 얻었습니다. 아란 제도에서 멀리 떨어진 현대 일본에서도 아란 스웨터 하면 '꽈배기무늬 스웨터'를 떠올릴 정도로 누구나 아는 패션 아이템이 되었습니다.

'한 코 한 코 뜨는 것이 하느님에게 다가가는 길'이라고 기도하며 떴다고 전해지는 아란 스웨터. 견고하게 구성된 화려한 부조 무늬는 시대와 유행을 뛰어넘어 우리의 마음을 사로잡습니다. 그야말로 멋진 문화유산이 아닐까요.

이니시모어섬의 명승지 둔 앵거스는 바다에 잠긴 아틀란티스 대륙의 경계선이라고도 한다

대표적인 아란무늬
Aran Sweater Patterns

Cable 케이블

아란 스웨터에서 가장 많이 사용하는 기법인 케이블 패턴의 변형은 굉장히 다양합니다. 케이블이란 말 그대로 '새끼줄'을 의미하며 농부가 수확물을 묶는 망, 어부가 사용하는 그물 등을 가리킵니다. 반농반어로 생활하는 아란 제도의 사람들에게는 떼려야 뗄 수 없는 무늬라 할 수 있습니다.

심플 케이블

p.63 ▶074
4코×4단/어떤 무늬와도 조합하기 쉬운 크기

p.14 ▶001
4코×6단/균형 잡힌 크기

p.49 ▶055
6코×4단/실제 새끼줄 같은 느낌

p.21 ▶016
6코×6단/존재감 있게 꽉 조여진 케이블

p.43 ▶046
6코×8단/느슨하고 둥근 느낌의 모양

p.23 ▶019
6코×10단/완만한 곡선을 강조

p.70 ▶085
6코×14단/겉뜨기한 타원이 이어지는 이미지

케이블의 변형

p.30 ▶031
더블 케이블/교차 방향이 대칭인 케이블 2줄을 나란히 놓은 모양

p.17 ▶007
플레이트 케이블/매듭의 의미. 땋은 머리 같은 모양

p.48 ▶054
웨이브 케이블/교차 방향을 매번 교대로 해서 넘실거리는 파도를 표현

p.49 ▶055
체인 케이블/웨이브 케이블 2줄을 대칭으로 놓은 모양

p.15 ▶003
스푼 케이블/한가운데가 동그랗게 파인 모양. 가족이 충분한 영양을 섭취해 건강하게 있기를 바라는 기원을 담았습니다

다이아몬드

트럼프 카드의 다이아몬드 모양을 세로로 이어놓은 모양이며 주로 성공과 부와 재산의 상징이고 결혼 생활 등 인생의 부침을 나타내기도 합니다. 때로는 어부의 그물로써 어촌의 번영에 필수적인 케이블과 조합하기도 합니다.

p.48 ▶*054*
가는 다이아몬드무늬 위에 굵은 다이아몬드무늬를 겹친 아가일무늬

p.63 ▶*074*
다이아몬드무늬+가터뜨기

p.41 ▶*042*
다이아몬드무늬+멍석뜨기

p.70 ▶*085*
다이아몬드 크기에 맞춰서 큼직한 방울을 배치

p.58 ▶*064*
다이아몬드무늬+케이블

p.81 ▶*101*
가는 다이아몬드+비침무늬의 조합

Tree of life 생명의 나무

쑥쑥 자라는 나무 몸통과 큰 가지를 표현한 무늬이며 장수와 자손 번영을 염원하는 마음을 담았습니다.

p.26 ▶025
위를 향한 나무는 가지를 뻗은 모양을 나타냅니다

p.25 ▶023
아래를 향한 가지는 나무 전체의 모습을 나타냅니다

p.61 ▶070
가지 끝에 커다란 방울을 달아서 귀여운 나무무늬를 만들었습니다

p.39 ▶040
크로스드 케이블. 나무를 변형했으며 생명을 기른다는 의미입니다

p.36 ▶037
나무의 변형. 돌려뜨기로 뜨는 섬세한 느낌의 나무 무늬

p.40 ▶041
아워글래스 케이블. 모래시계나 물시계 모양을 표현

블랙베리 Blackberry Stitch

아일랜드에서 흔히 볼 수 있는 블랙베리를 표현했습니다. 마디나 매듭이라는 뜻의 '노트'라고도 하며 아이를 의미할 때도 있습니다. 1코로 완결되므로 변형도 자유롭습니다.

p.58 ▶065
코바늘을 사용해 뜨는 한길긴뜨기 3코 구슬뜨기

p.59 ▶066
조그맣고 볼록한 모양의 긴뜨기 구슬뜨기

p.70 ▶085
1코에서 5코 7단을 끌어내 뜨는 커다란 방울

p.60 ▶068
뱀밥 머리처럼 생긴 타원형 방울. 방울 부분은 콧수의 증감에 주의합니다

p.62 ▶073
뜬 코를 풀어서 만드는 방울로 꽃봉오리 같은 느낌을 낼 수 있습니다

p.65 ▶078
'3코 모아뜨기에서 3코 늘려뜨기'로 만드는 방울은 기독교의 원리를 나타내는 '삼위일체'라고도 부릅니다

지그재그 Zig-Zag

섬 해안가의 절벽을 따라서 구불구불 이어지는 길을 표현합니다.

p.43 ▶046

겉뜨기와 안뜨기를 교차하는 위치를 2단마다 1코씩 이동합니다

p.43 ▶045

지그재그 2줄은 결혼 생활을 의미하기도 합니다

p.49 ▶055

지그재그를 대칭으로 배치하면 생기는 다이아몬드무늬 안쪽에는 멍석뜨기를 배치합니다

집게발 Lobster Claw

아일랜드 앞바다에 많이 서식하는 가재의 집게발이 연상되는 무늬입니다. 풍어를 의미합니다.

인버티드 걸 Inverted Gull Stitch

거꾸로 한(인버티드) 갈매기(걸) 같은 패턴입니다.

p.33 ▶034

케이블 중심에서 바깥을 향해 같은 방향으로 교차뜨기를 거듭해서 대칭으로 배치한 무늬가 특징

p.84 ▶106

교차뜨기 한가운데에 방울을 떠서 귀여운 분위기로 변형

p.31 ▶032

한가운데에 겉뜨기가 1줄 지나가고, 교차뜨기에서 위가 되는 코를 걸러뜨기한 것이 특징

블라니 키스

아일랜드 블라니성의 블라니 스톤을 연상시키는 무늬입니다. 이 돌에 입을 맞추면 말주변이 좋아진다는 이야기가 전해집니다. 'OX'는 서양에서 '허그와 키스'라고 해 애정의 의미로도 씁니다.

격자

아란 제도와 아일랜드 서부에서 흔한 풍경으로, 밭을 보호하기 위해 격자 모양으로 둘러싼 돌담을 표현합니다.

p.36 ▶037
2코 교차뜨기의 연속으로 생긴 좌우의 교차무늬 방향이 포인트

p.29 ▶030
블라니 키스의 변형. 역동적이고 복잡한 느낌입니다

p.51 ▶057
안뜨기 바탕에 겉뜨기 선이 흘러가며 3층의 그림자가 뜨개바탕에 깊이를 느끼게 합니다

바구니

어부가 사용하는 바구니를 표현했으며 어업의 성공과 이익이 많이 남는 대어의 상징입니다.

p.31 ▶032
밧줄을 서로 다르게 통과시킨 것처럼 보이는 볼륨 넘치는 뜨개바탕이 특징

p.52 ▶058
바구니의 변형. 작품의 메인으로 삼기 좋은 존재감 있는 무늬입니다

p.79 ▶096
왼코 위 3코 교차뜨기를 연속해서 뜬 결과 무늬에 흐름이 생깁니다

벌집 Honeycomb

고기잡이에 사용하는 그물을 펼친 듯한 풍경이나 벌집 같은 모양에서 부지런한 벌이 귀중한 꿀을 모으듯이 사력을 다하는 일의 상징이라고 합니다.

p.75 ▶090
체인 케이블을 연속해서 뜹니다

p.17 ▶007
1코 웨이브 케이블을 대칭으로 뜨는 벌집의 변형

멍석뜨기 Moss Stitch

이끼 낀 흙과 부의 성장을 의미합니다. 1코 멍석뜨기, 2코 멍석뜨기 등 다양하게 변형할 수 있습니다.

p.15 ▶004
2코×4단 멍석뜨기

인생의 사다리 Ladder of life

땅 위의 인간이 영원한 행복을 향해 올라간다고 여기는 '사다리'를 가로줄과 세로줄로 표현했습니다.

p.47 ▶053
5코×4단 작은 사다리. 악센트로 삼기 좋은 무늬

p.18 ▶010
7코×4단 사다리. 몸판의 옆쪽 등에 많이 쓰입니다

고무뜨기 Ribbing

겉뜨기와 안뜨기를 교대로 떠서 만드는 신축성 있는 뜨개바탕. 조합하는 무늬에 따라서 돌려뜨기를 할 때도 있습니다.

p.16 ▶005
돌려뜨기로 하는 고무뜨기는 세로로 늘어나는 것을 방지하고 두툼한 뜨개바탕이 됩니다

아란무늬 110

001~042 기본 무늬 —— 14
basic patterns

043~063 큰 무늬 —— 42
main patterns

064~091 방울무늬 —— 58
bobble patterns

092~110 비침무늬와 조합하기 —— 77
lace mix

무늬뜨기 뜨개바탕에 사용한 실 퍼피 퀸 애니

무늬뜨기 기호도 보는 법

Ⓐ 기호도 1칸은 1코 1단입니다. 이 책에서 기호가 없는 칸은 안뜨기를 표시합니다. 기초코 단은 기호도에 표시하지 않았습니다.

Ⓑ 기호도에서 굵은 선 테두리의 바깥 칸에 적힌 숫자는 1무늬의 콧수(반복되지 않으면 전체)·단수를 표시합니다. 똑같은 패턴을 연속할 때는 1무늬의 단수(콧수)를 반복해서 뜹니다. 단수가 다른 패턴을 조합한다면 가장 큰 패턴의 단수를 표시했습니다.

Ⓒ 기호도에 색이 칠해진 부분은 각 패턴의 1무늬입니다. 단수가 다른 패턴을 조합한 뜨개바탕에서는 무늬 전체의 반복에 주의하세요.

Ⓓ 중심부터 좌우대칭으로 패턴을 배치한 무늬 기호도는 왼쪽 패턴을 생략하기도 했습니다. 생략한 부분은 오른쪽 기호를 참조합니다.

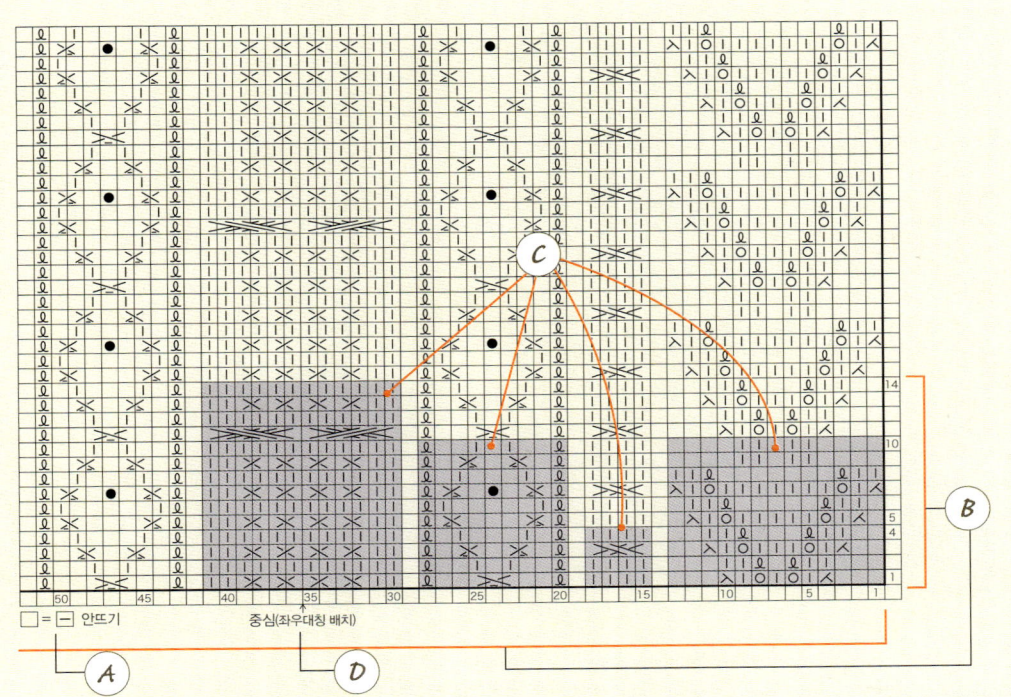

기본 무늬 basic patterns

전통적인 패턴부터 다양한 교차무늬를 조합한 새로운 인기 패턴까지 다양하게 변형했습니다.

001

□ = ⊟ 안뜨기

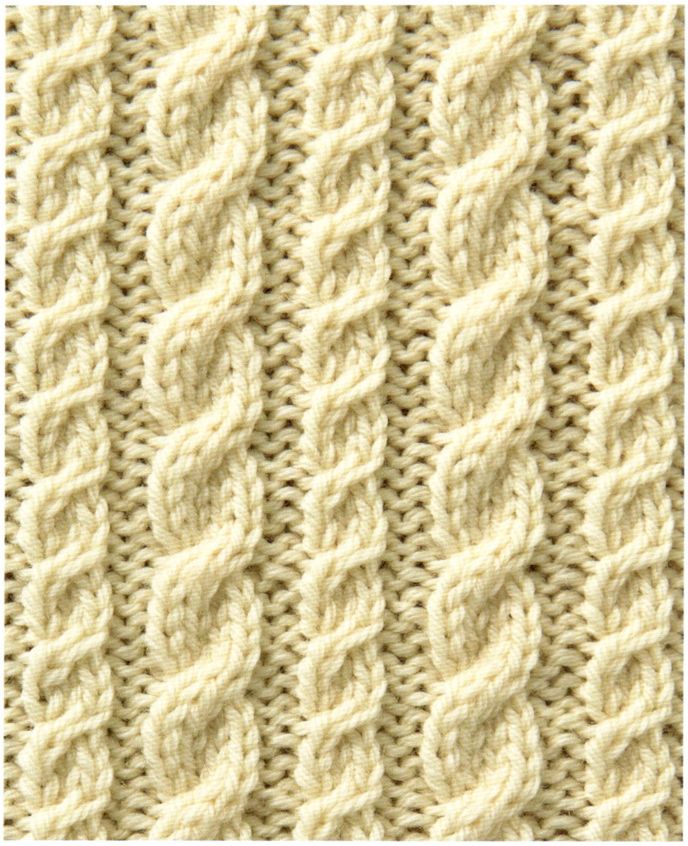

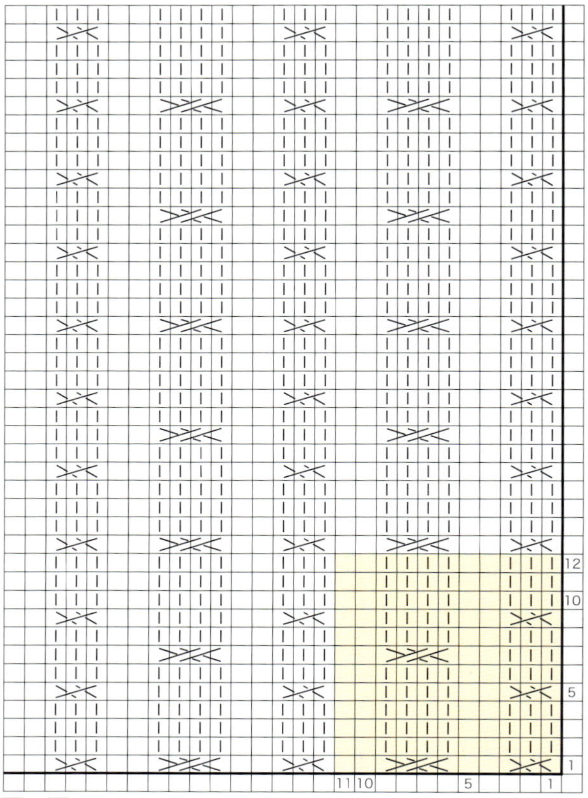

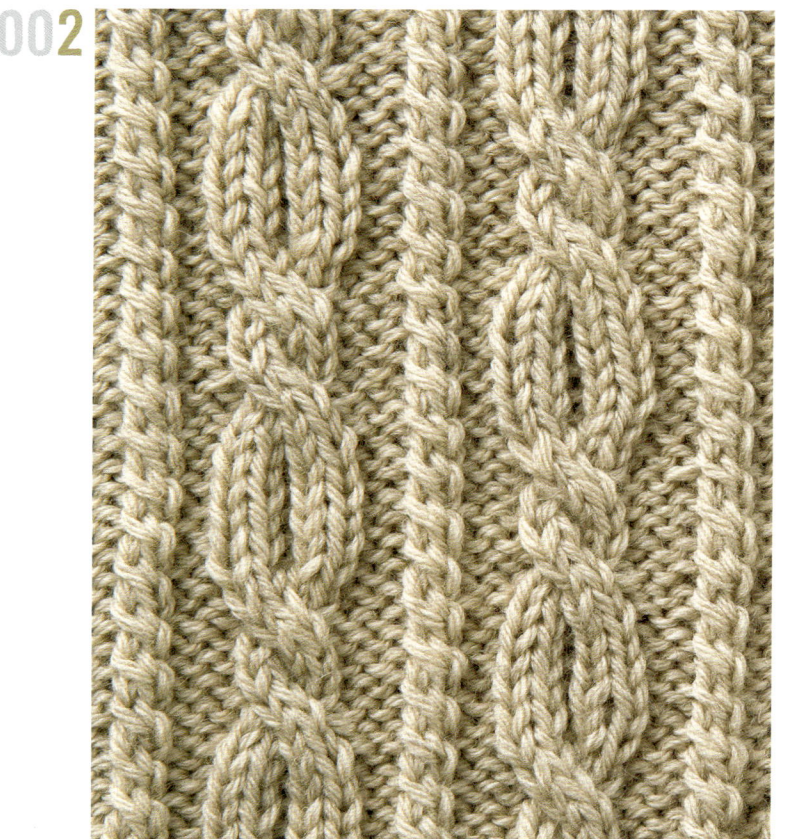

1코만 다르게 해도 분위기가 달라집니다. 단, 각 1무늬는 4단과 6단이니 틀리지 않도록 주의!

002

□ = ⊟ 안뜨기

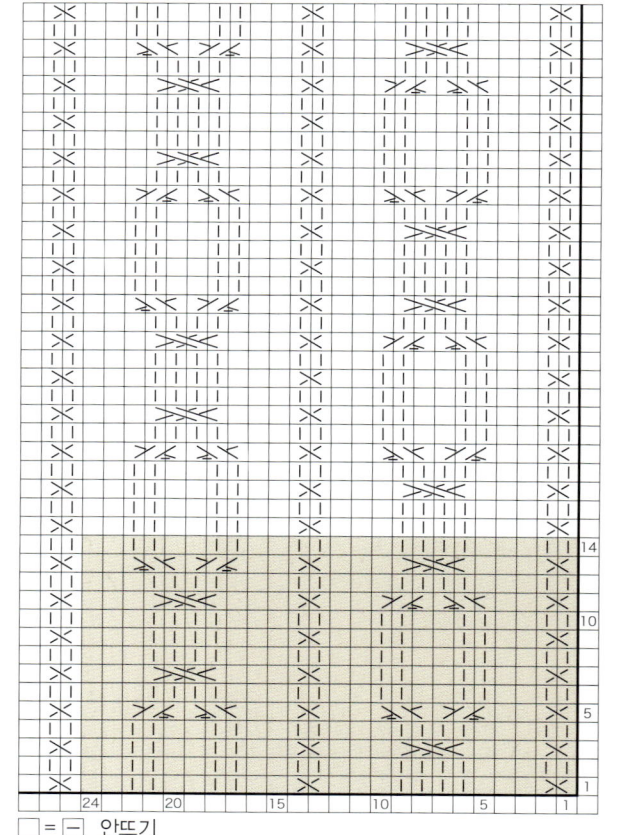

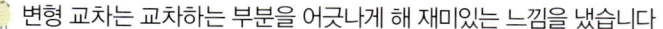

변형 교차는 교차하는 부분을 어긋나게 해 재미있는 느낌을 냈습니다

basic patterns

003

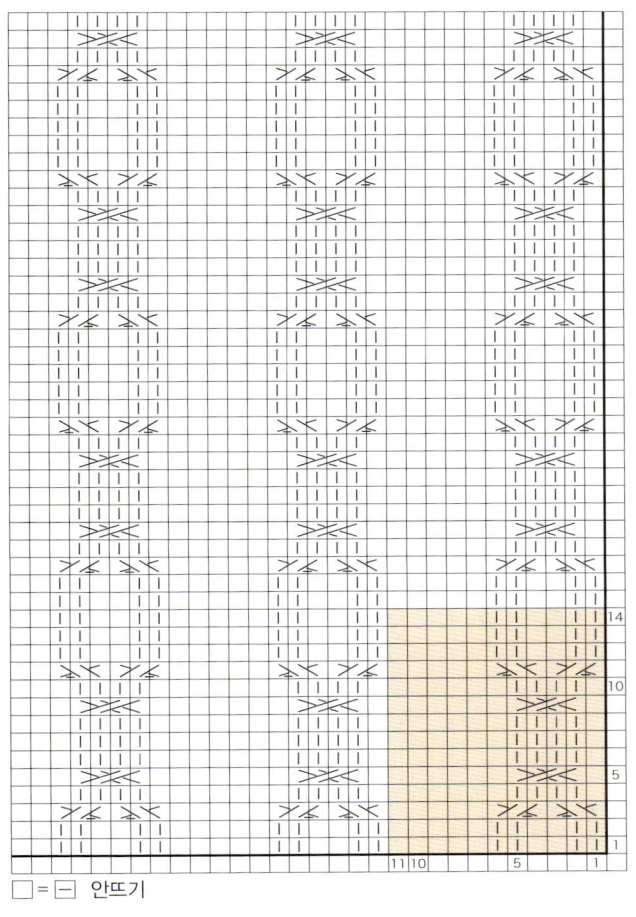

□ = − 안뜨기

안뜨기 부분을 깔끔하게 뜨는 것이 포인트. 자신 없는 사람은 바탕에 작은 무늬를 넣어도 OK

004

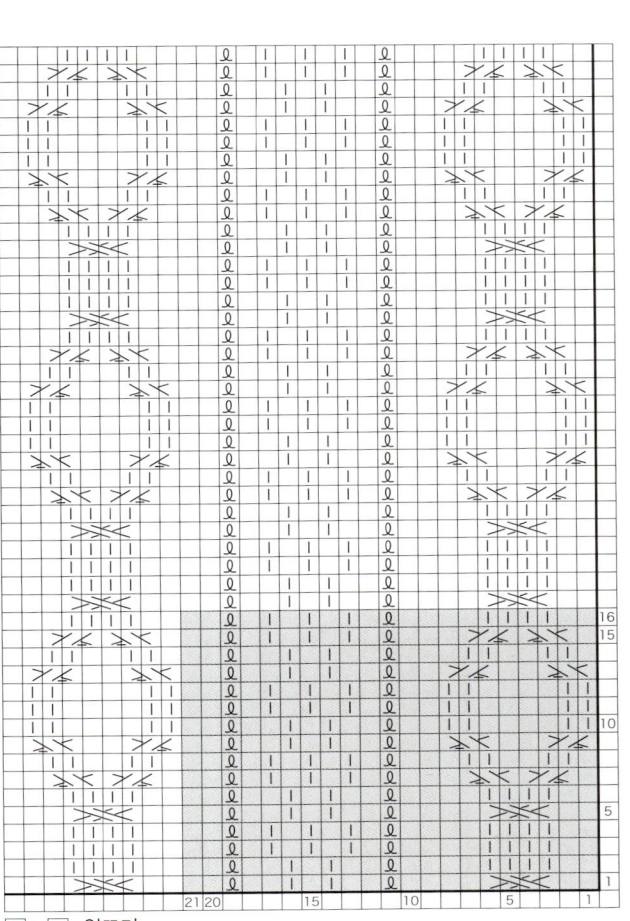

□ = − 안뜨기

멍석뜨기 + 케이블을 조합한 간결하고 귀여운 무늬. 소품부터 스웨터까지 폭넓게 이용할 수 있어서 초보자에게 추천합니다

005

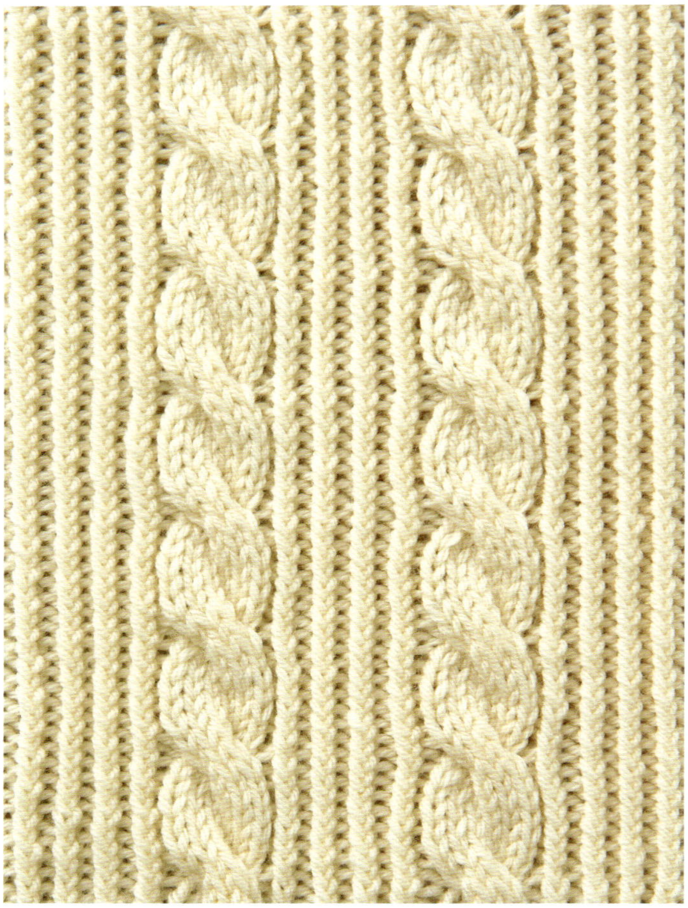

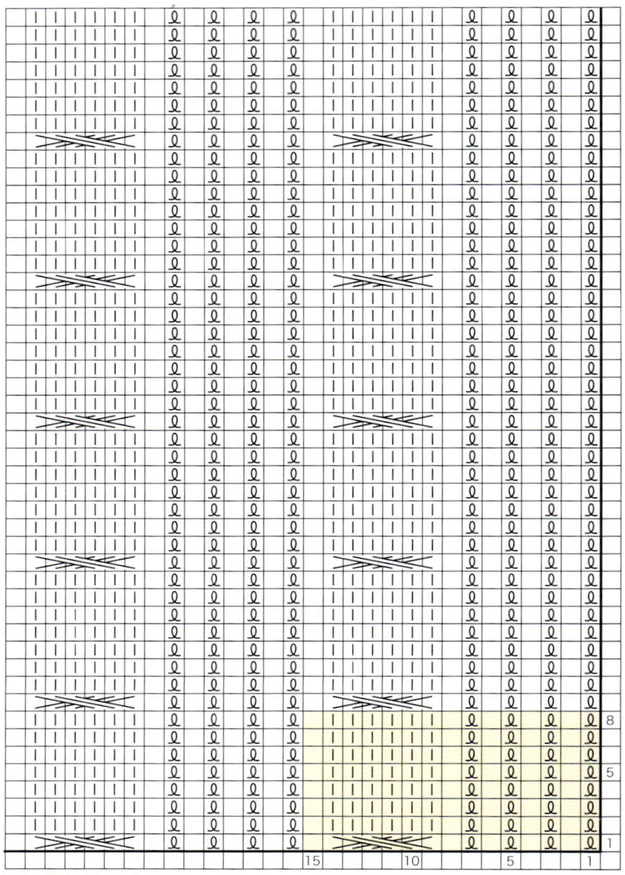

□ = ⊟ 안뜨기

단마다 돌려뜨기를 넣어 가로 방향으로 세게 줄어듭니다. 단마다 돌려뜨기하는 것을 꼭 기억하세요

006

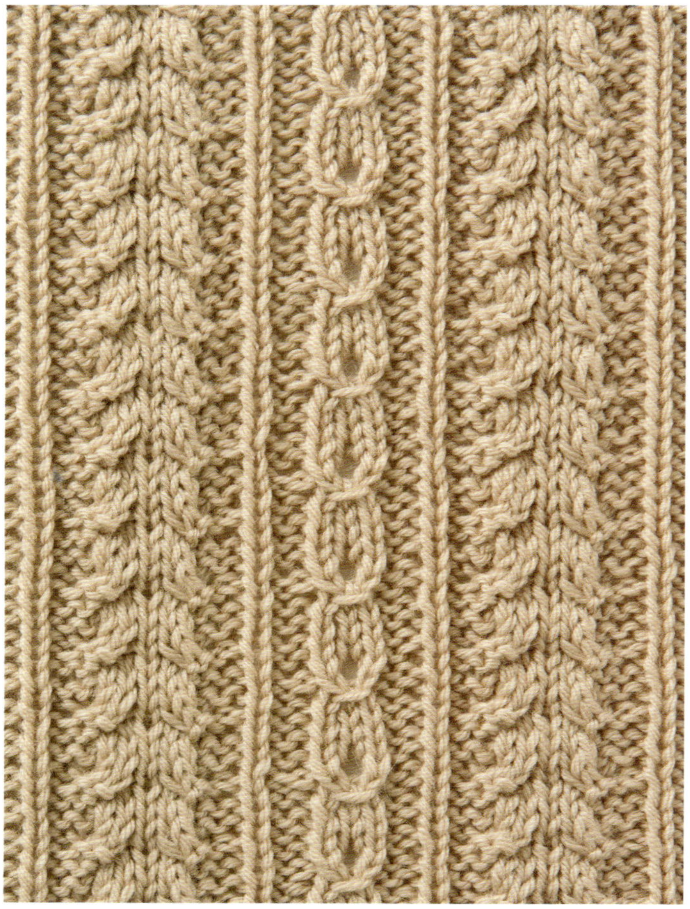

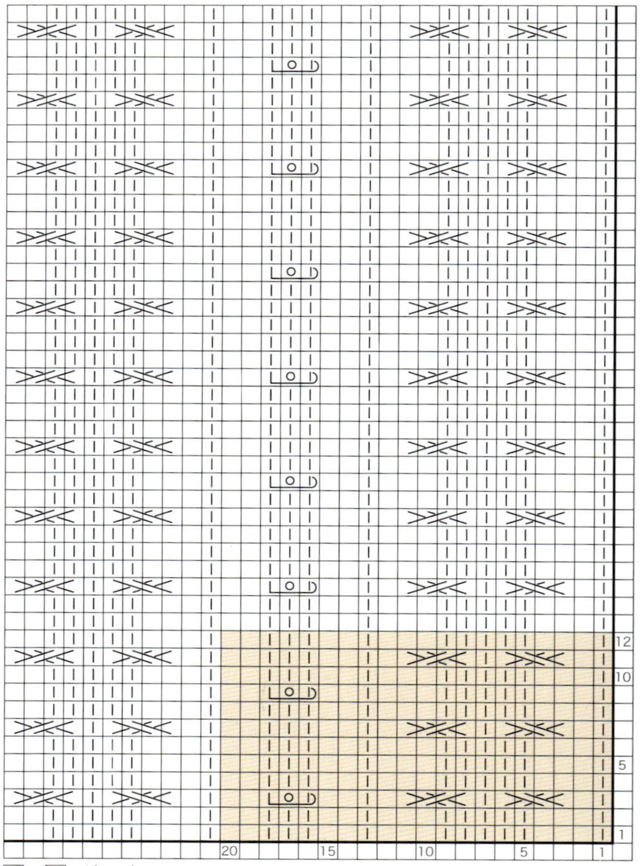

□ = ⊟ 안뜨기

안뜨기를 사용한 독특한 교차무늬. 매듭뜨기와 교차뜨기를 하는 단이 서로 다르니 주의!

basic patterns

007

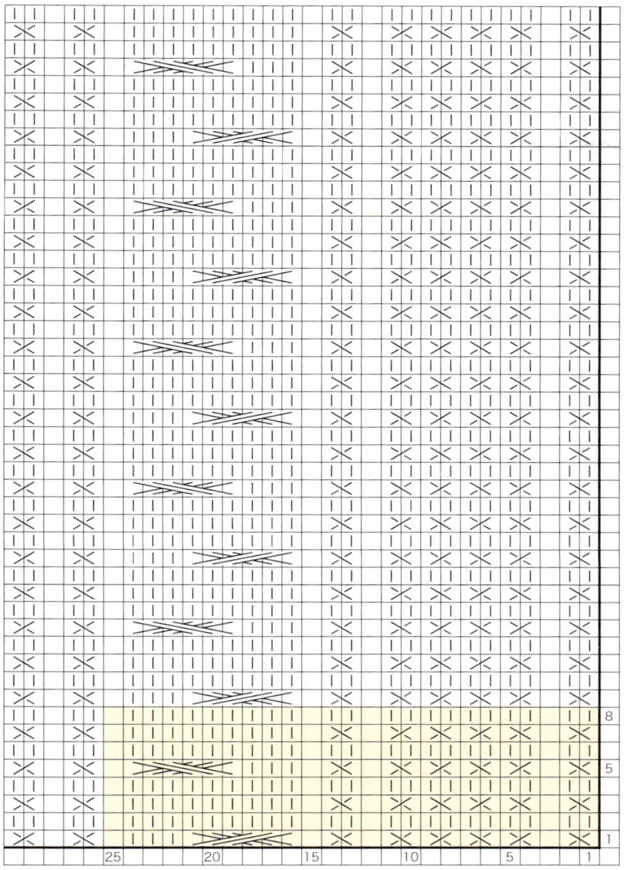

플레이트 케이블＋벌집을 조합한 무늬. 뜨개바탕이 두툼해서 재킷이나 카디건에 최적

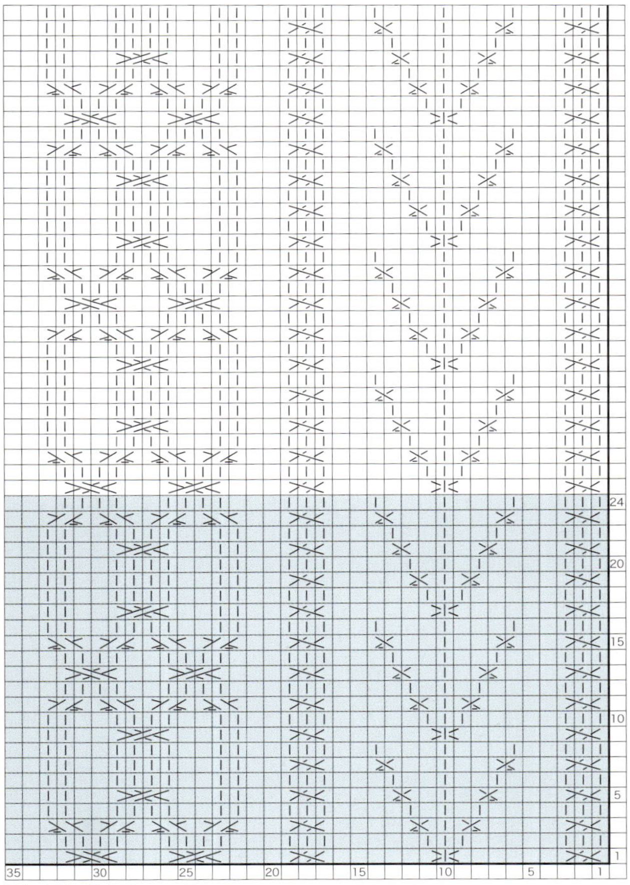

☐ = ― 안뜨기

008

나무의 1코 교차무늬는 좌우를 균형 잡히게 뜨는 것이 깔끔하게 완성하는 포인트

☐ = ― 안뜨기

009

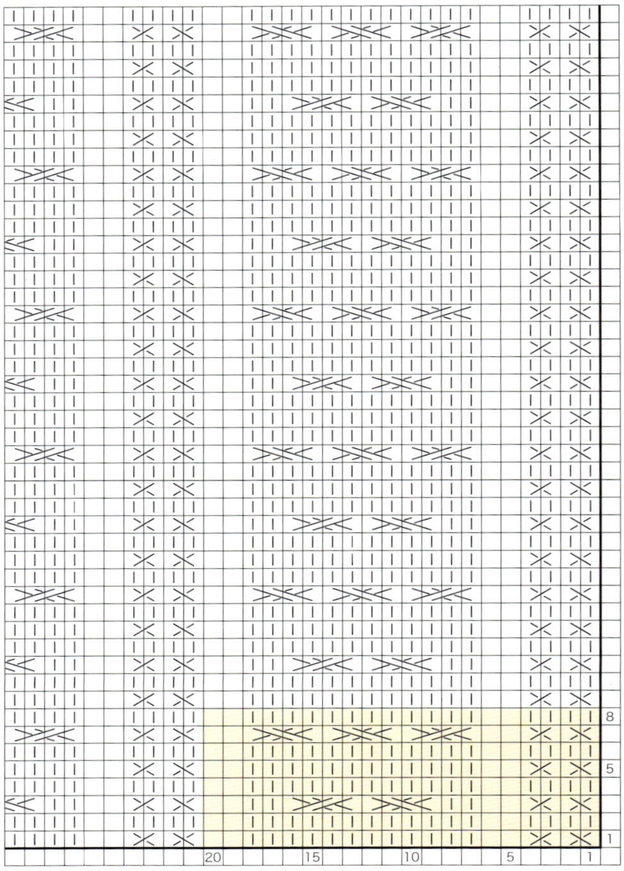

얼핏 케이블무늬가 복잡해 보이지만 단순한 2코 교차뜨기의 반복입니다

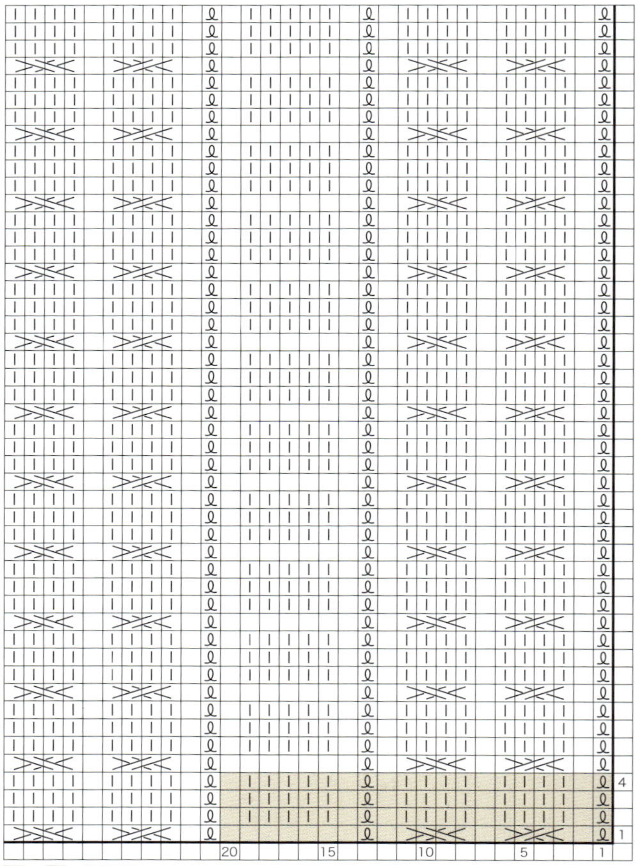

□ = □ 안뜨기

010

직선 사이에 낀 사다리무늬는 너비를 조정할 수 있어서 편리

□ = □ 안뜨기

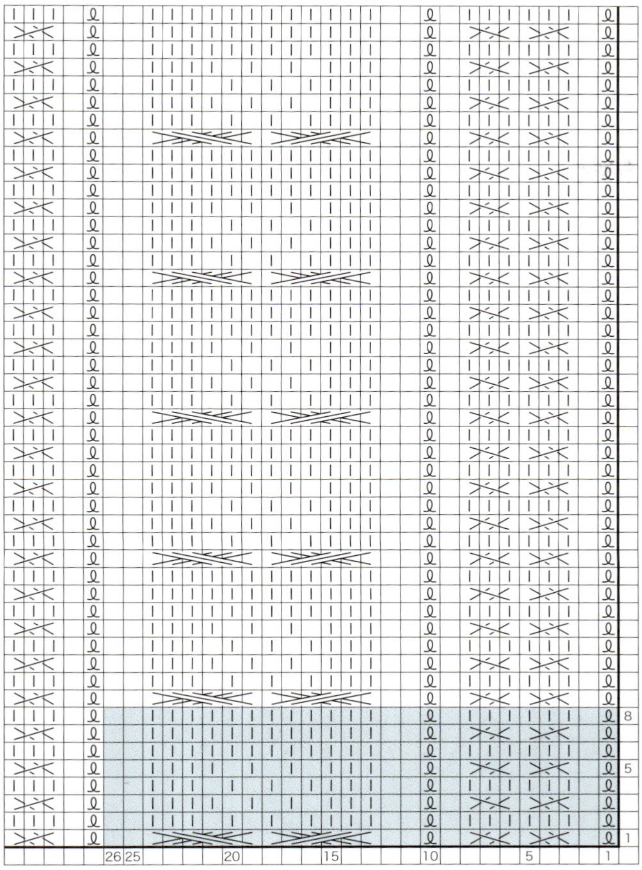

basic patterns

011

멍석뜨기가 악센트인 더블 케이블. 단, 겉뜨기와 안뜨기를 헷갈리기 쉬우니 주의!

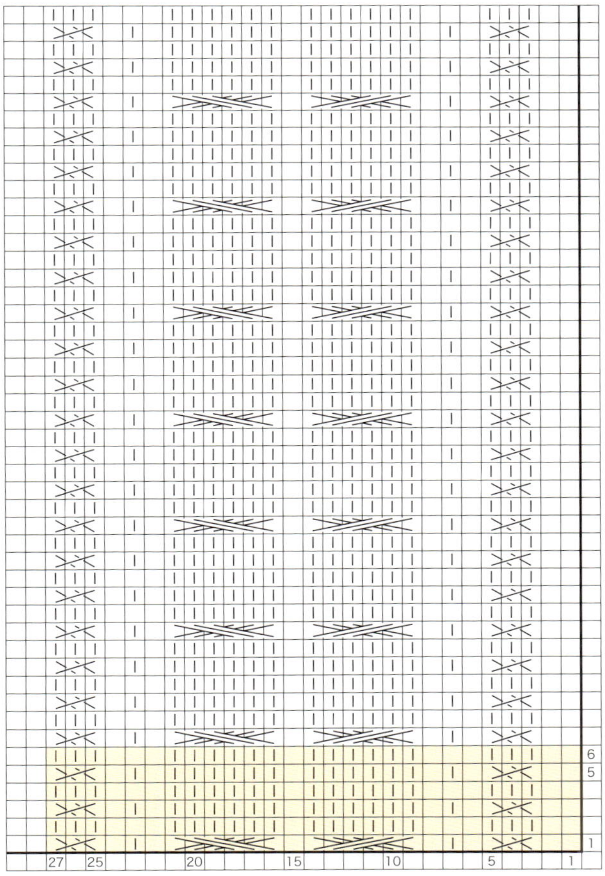

012

더블 케이블은 꽈배기바늘에 끼운 코를 앞쪽에 두는지 뒤쪽에 두는지 착각하지 않도록 주의!

013

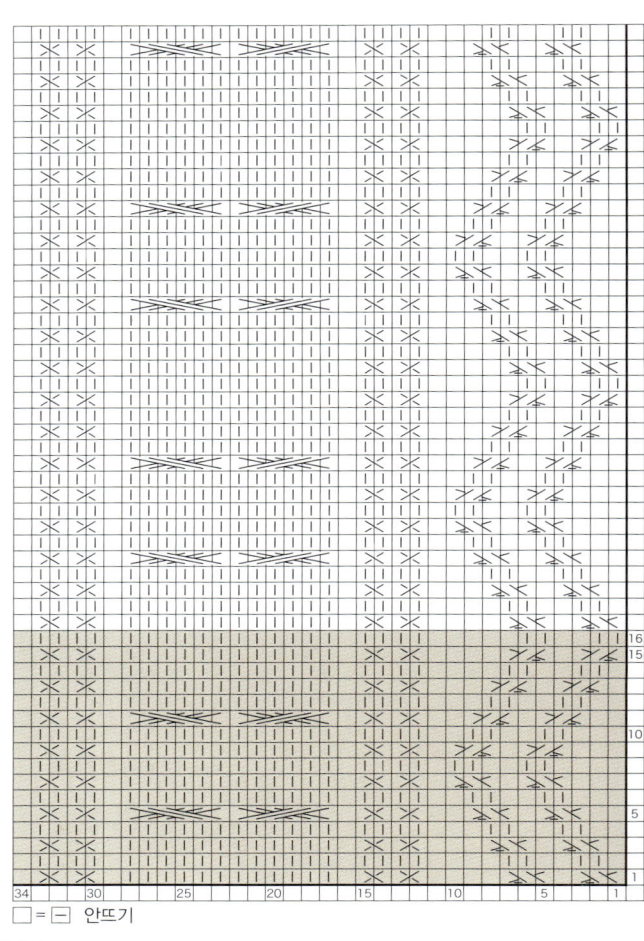

더블 케이블이 교차하는 리듬을 다르게 하기만 해도 공들인 무늬로 보입니다

□ = ― 안뜨기

014

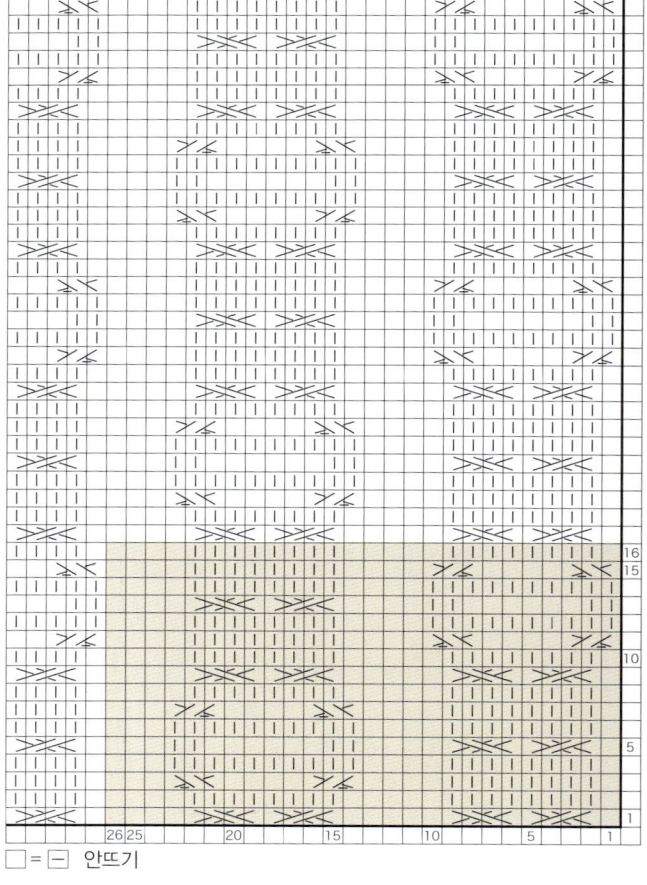

교차 부분이 많지만, 리듬을 기억해두면 술술 뜰 수 있는 무늬

□ = ― 안뜨기

basic patterns

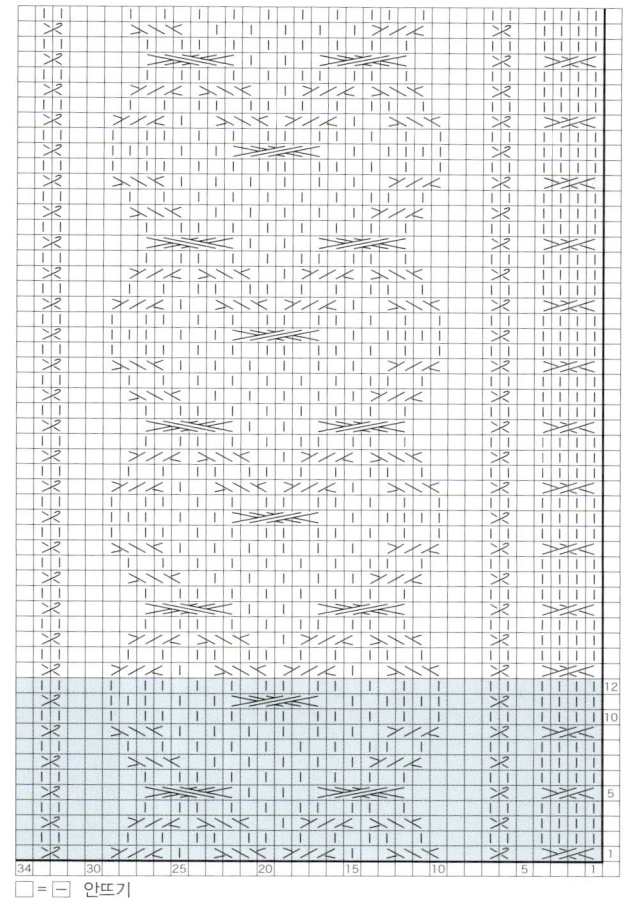

015

하트 모양 교차무늬 + 멍석뜨기를 조합한 귀여운 무늬

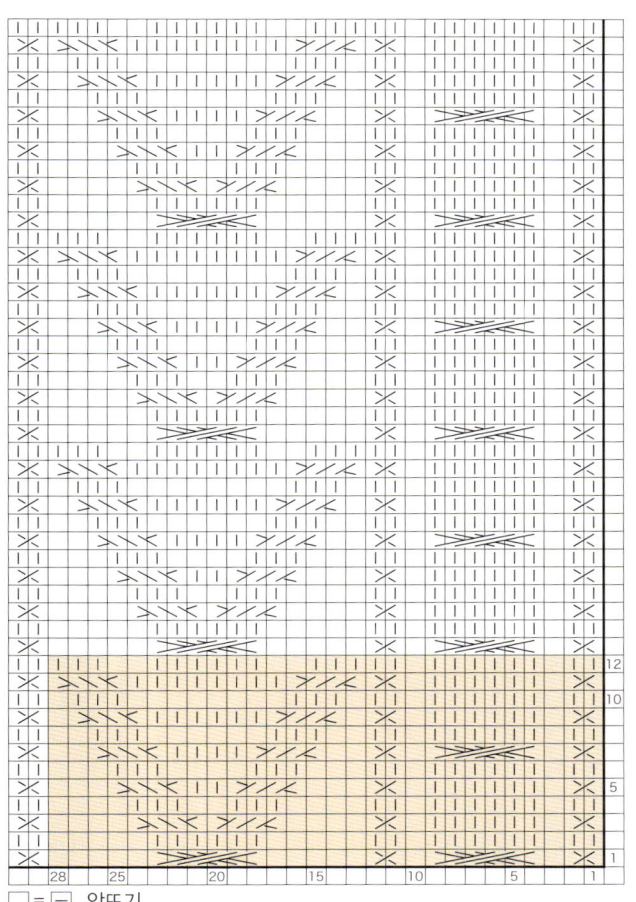

016

안뜨기 안에서 튀어나온 크로스드 케이블의 브이라인이 인상적

017

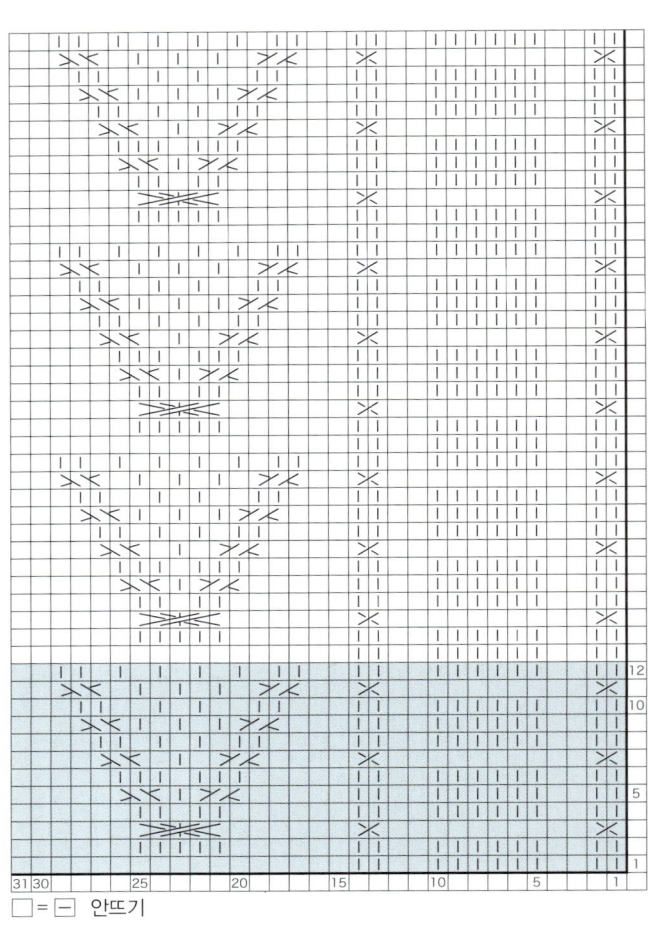

□ = — 안뜨기

🐑 작은 크로스드 케이블＋사다리무늬가 깔끔한 뜨개바탕. 남성용 조끼에 잘 어울리는 무늬

018

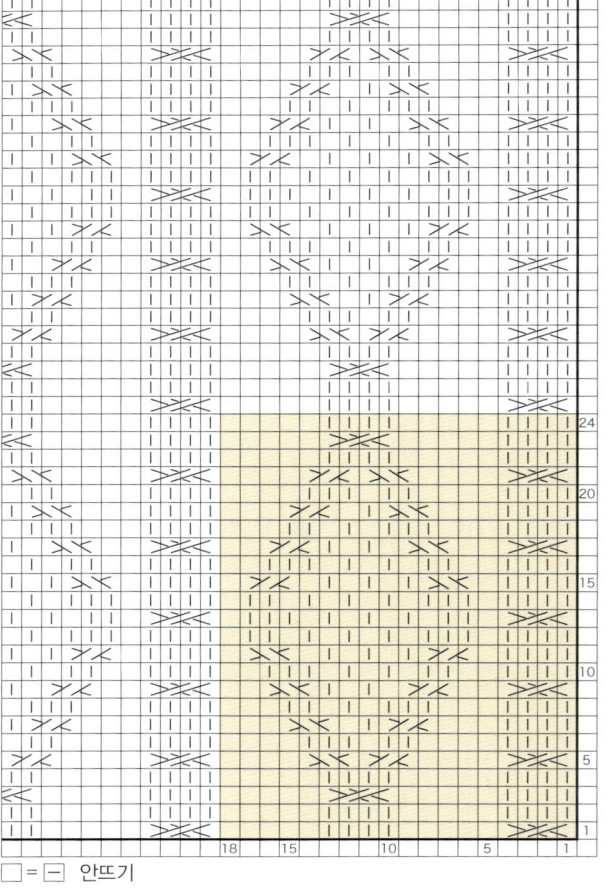

□ = — 안뜨기

🐑 스웨터나 카디건의 중앙에 배치하기 편한 무늬

019

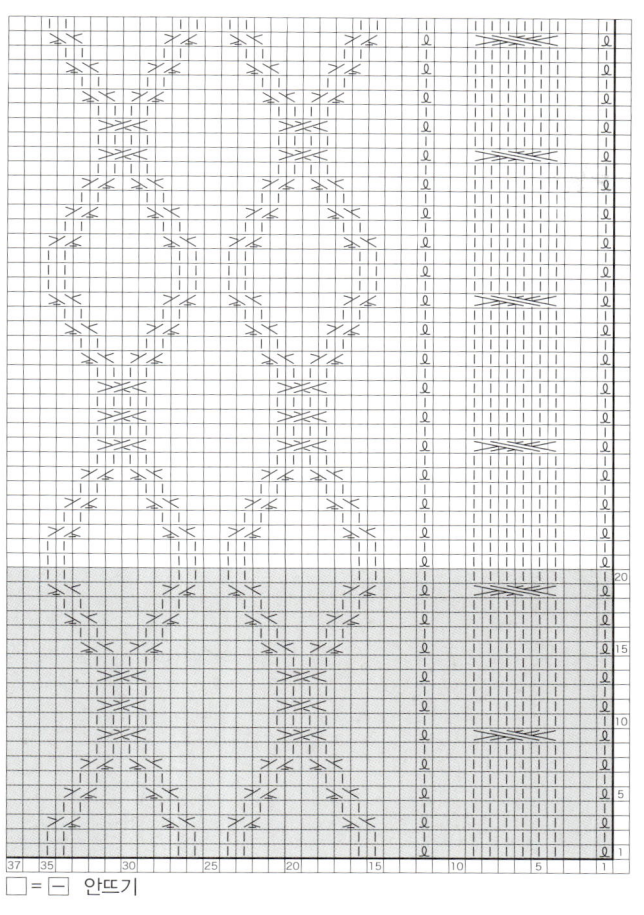

돌려뜨기 라인과 간단한 교차의 반복이어서 아란 니트 초보자에게 추천!

020

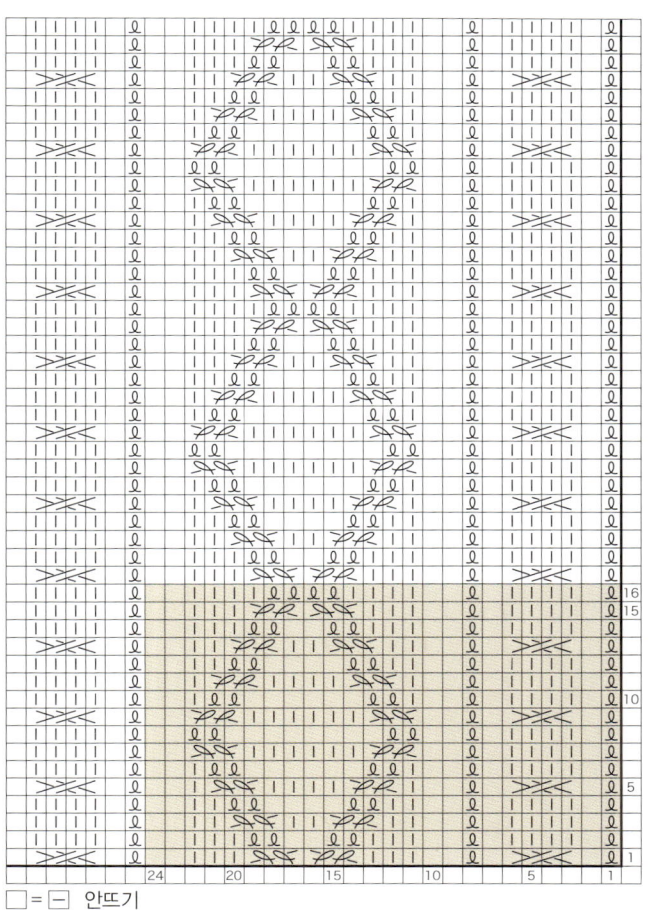

메리야스뜨기 부분과 가터뜨기 부분을 지그재그 라인의 다이아몬드무늬가 구분해줍니다

021

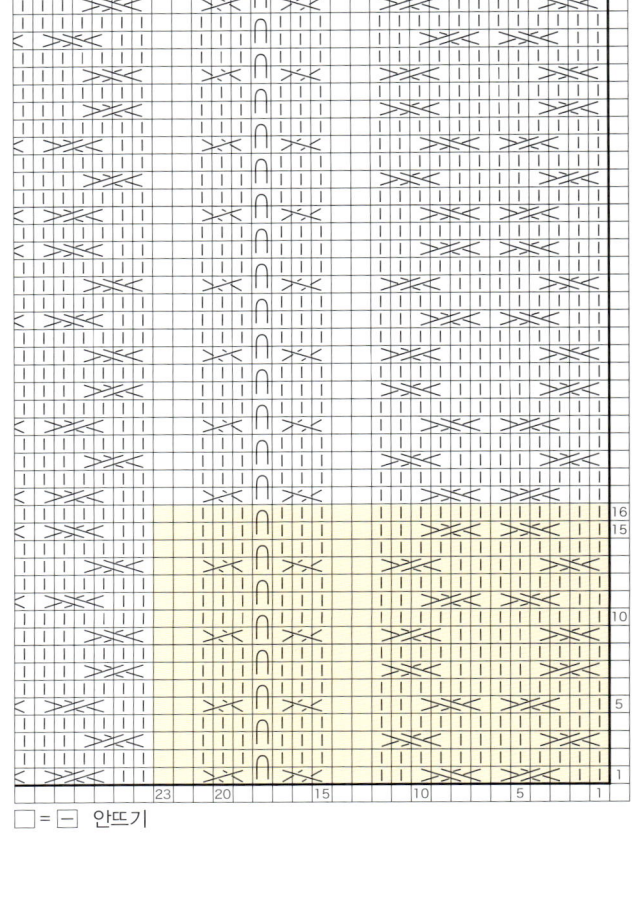

🐑 리드미컬한 다이아몬드무늬가 매력적인 블라니 키스 무늬

022

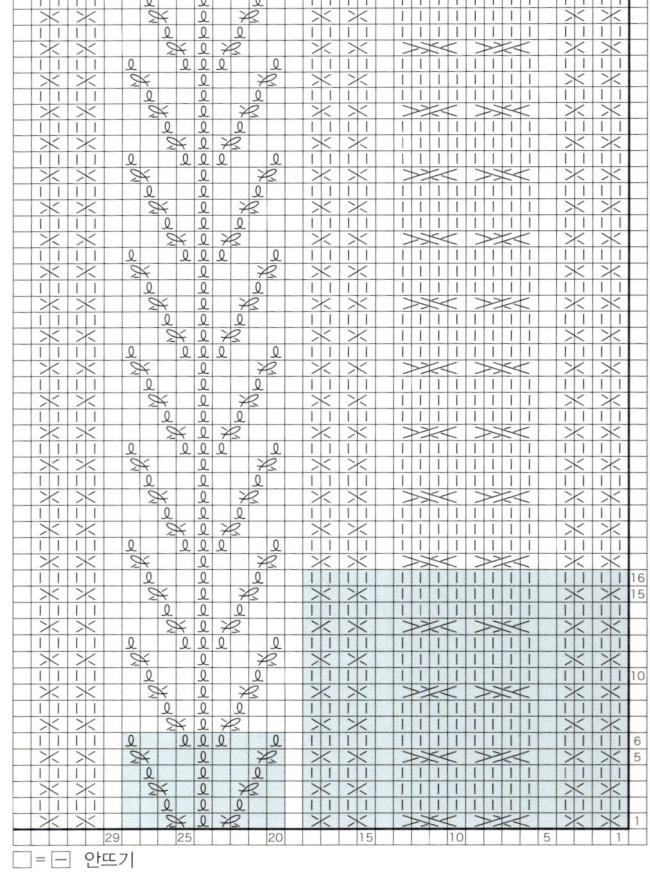

🐑 1무늬의 단수가 전부 다르므로 각 무늬를 반복할 때 주의!

023

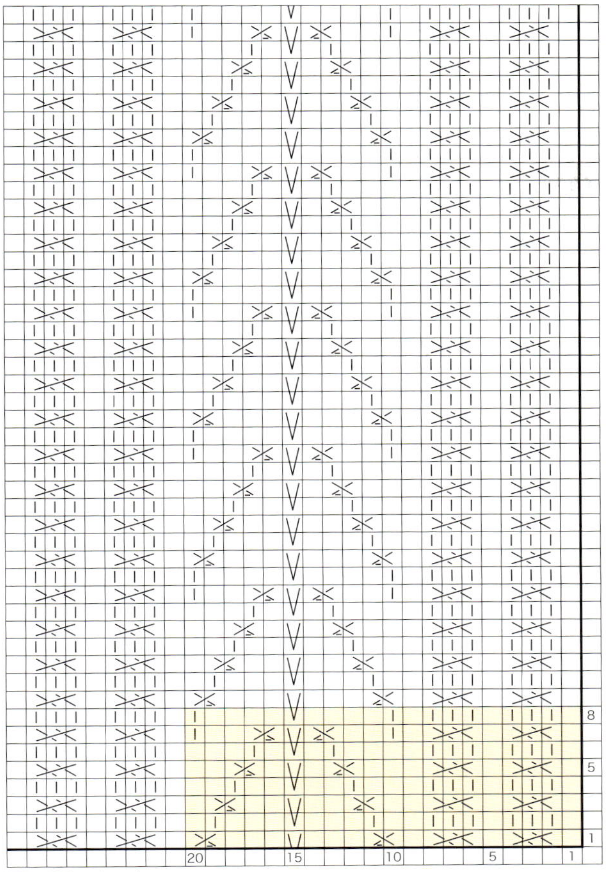

겉을 보고 뜨는 단에는 반드시 교차가 들어갑니다. 안을 보고 뜨는 단에서는 잠깐 숨을 돌릴 수 있지요

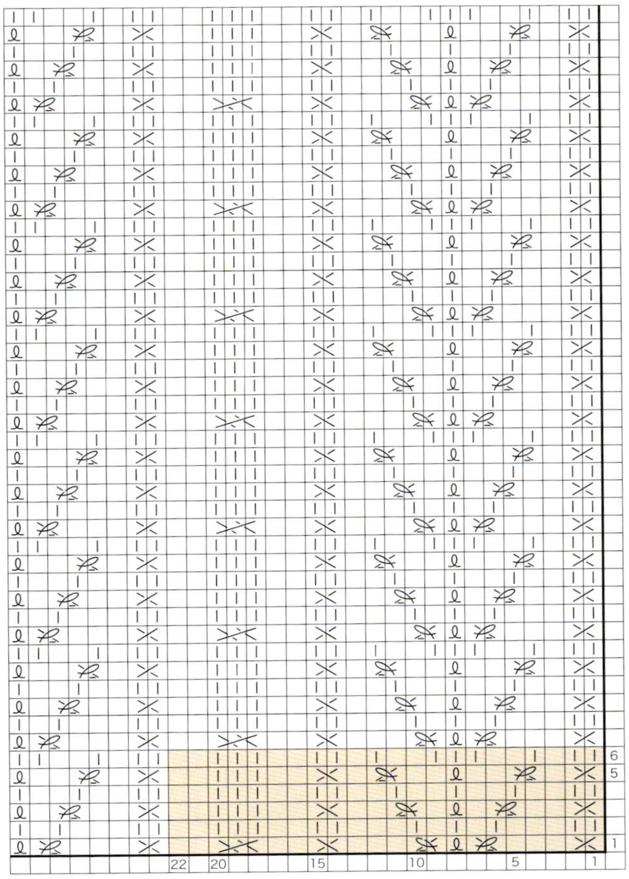

☐ = ⊟ 안뜨기

024

나무의 안뜨기는 돌리지 않고 뜨지만, 단마다 돌려뜨기하면 더욱 날카로운 느낌이 됩니다

☐ = ⊟ 안뜨기

025

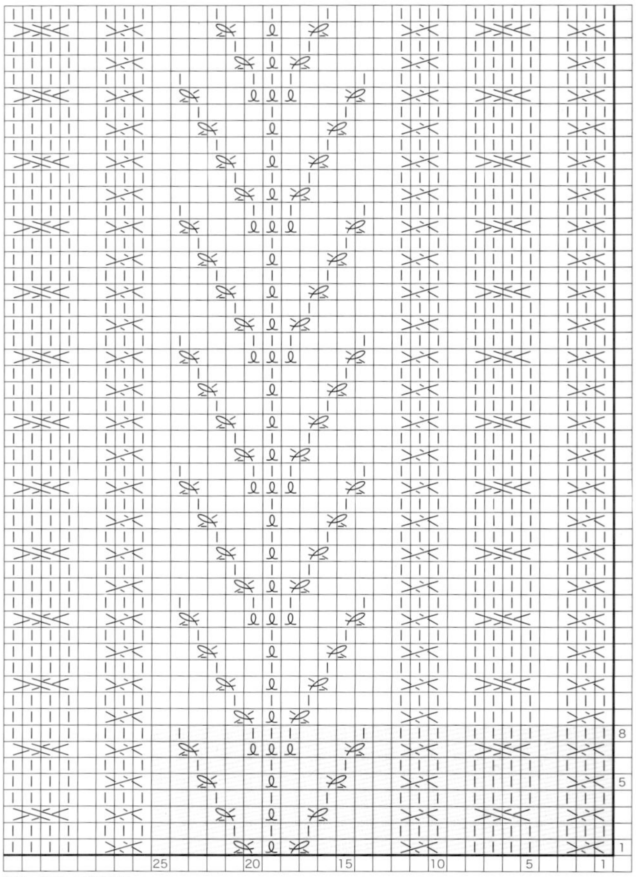

단순해서 어디에나 이용하기 좋은 무늬

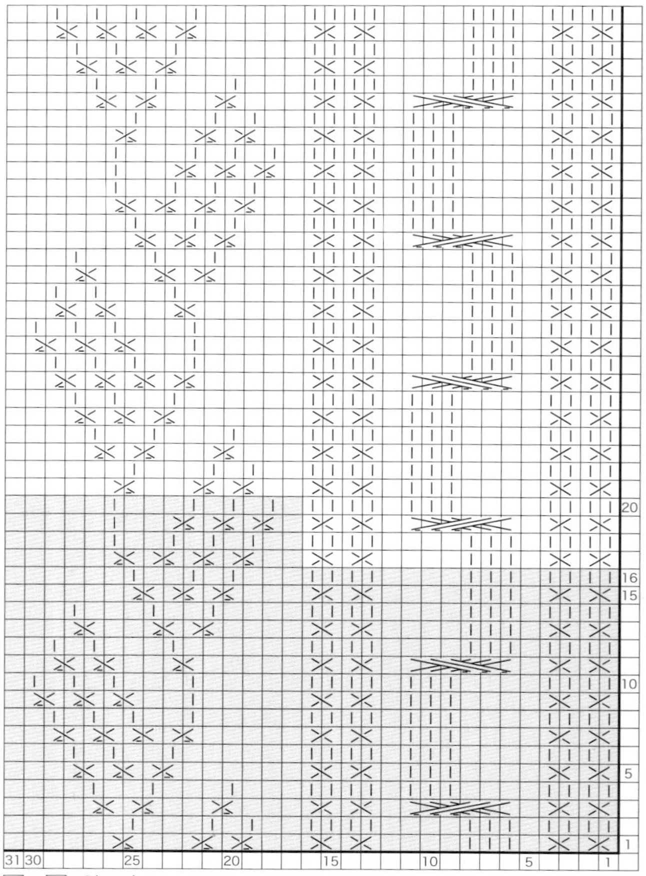

□ = − 안뜨기

026

3코 교차뜨기를 겉뜨기와 안뜨기로 하면 보통 케이블과는 다른 이미지가 됩니다

□ = − 안뜨기

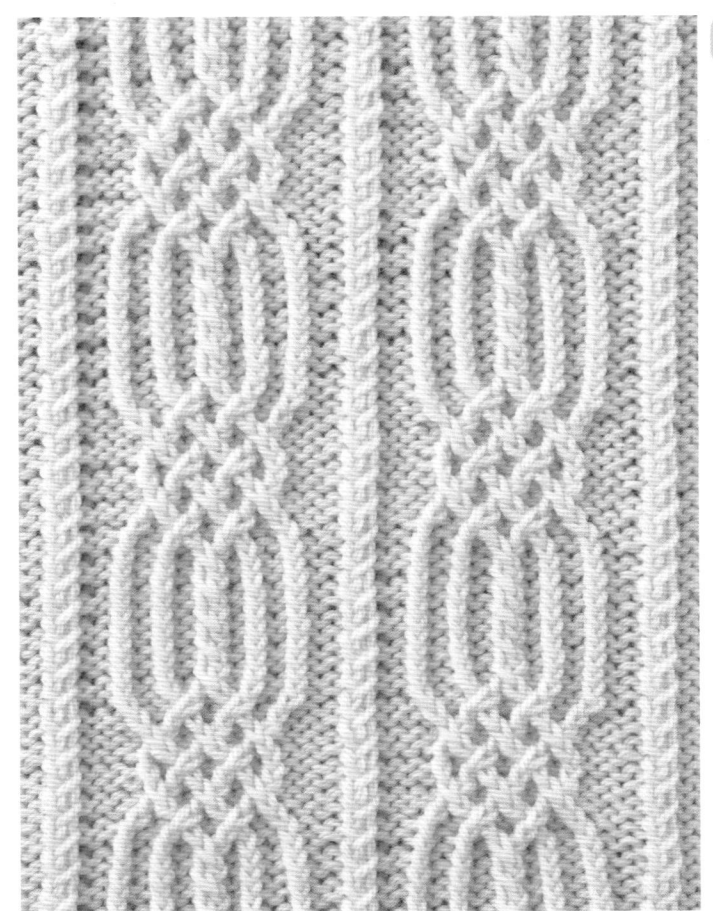

□ = ⊟ 안뜨기

돌려 교차뜨기는 왼코 위, 오른코 위를 헷갈리지 않도록 주의! 아래 코를 안뜨기로 뜨는 것도 잊지 마세요

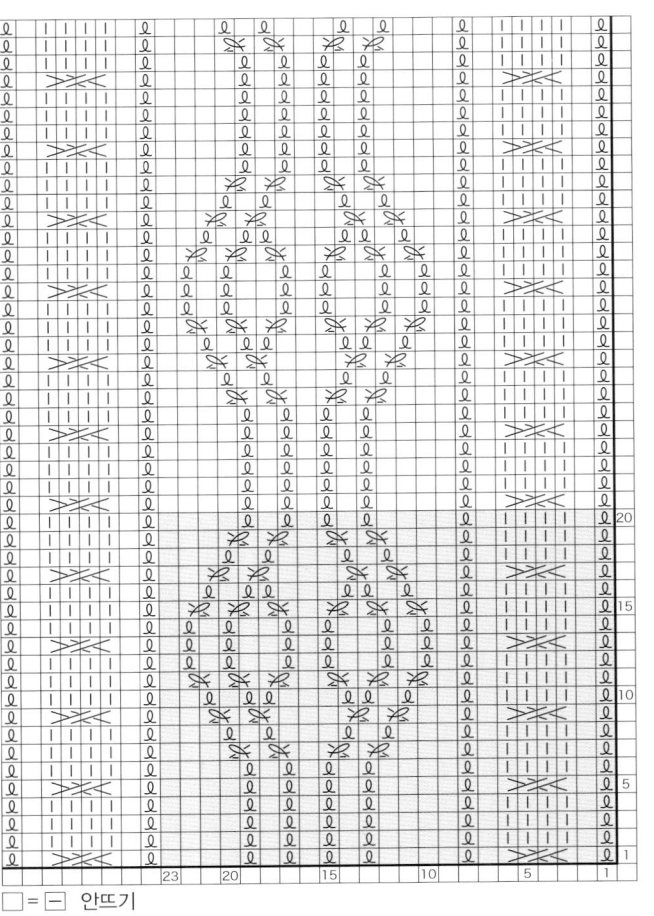

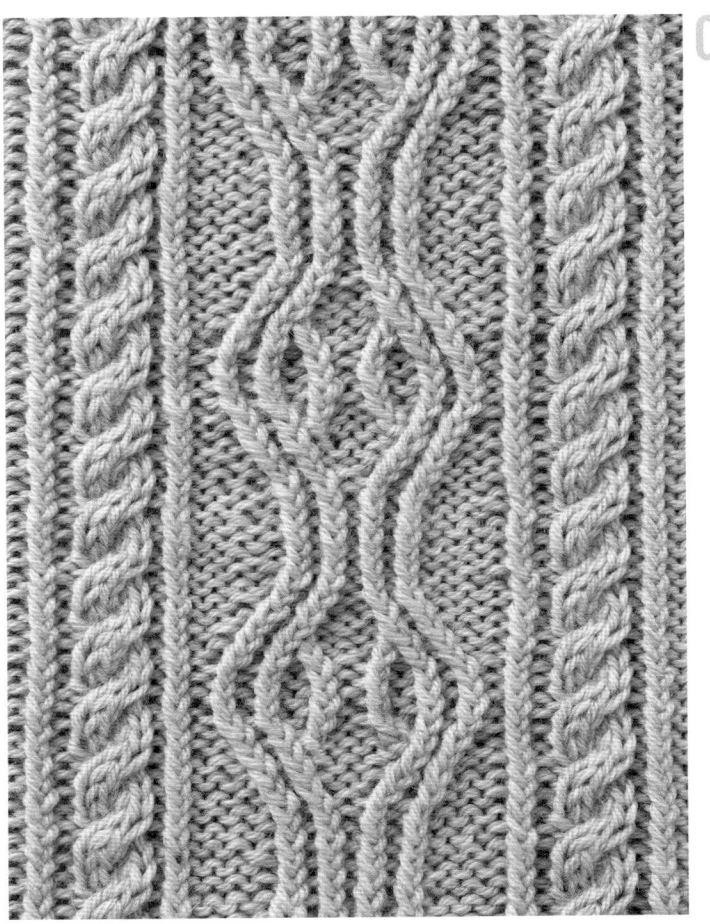

□ = ⊟ 안뜨기

무늬가 또렷하게 나타나는 돌려뜨기 라인

029

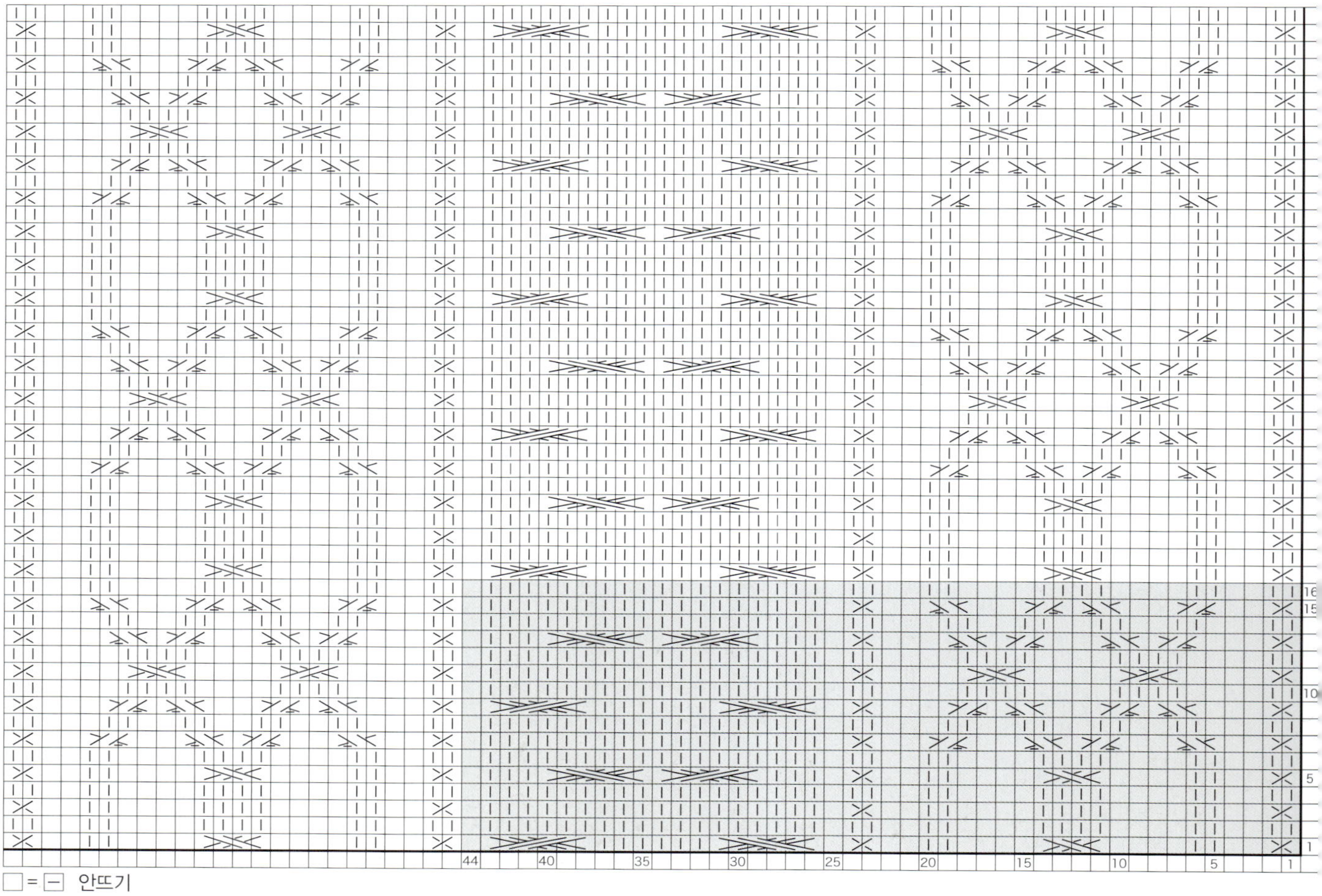

□ = □ 안뜨기

동적인 큰 무늬의 조합은 남성용 스웨터 등에 추천

basic patterns

030

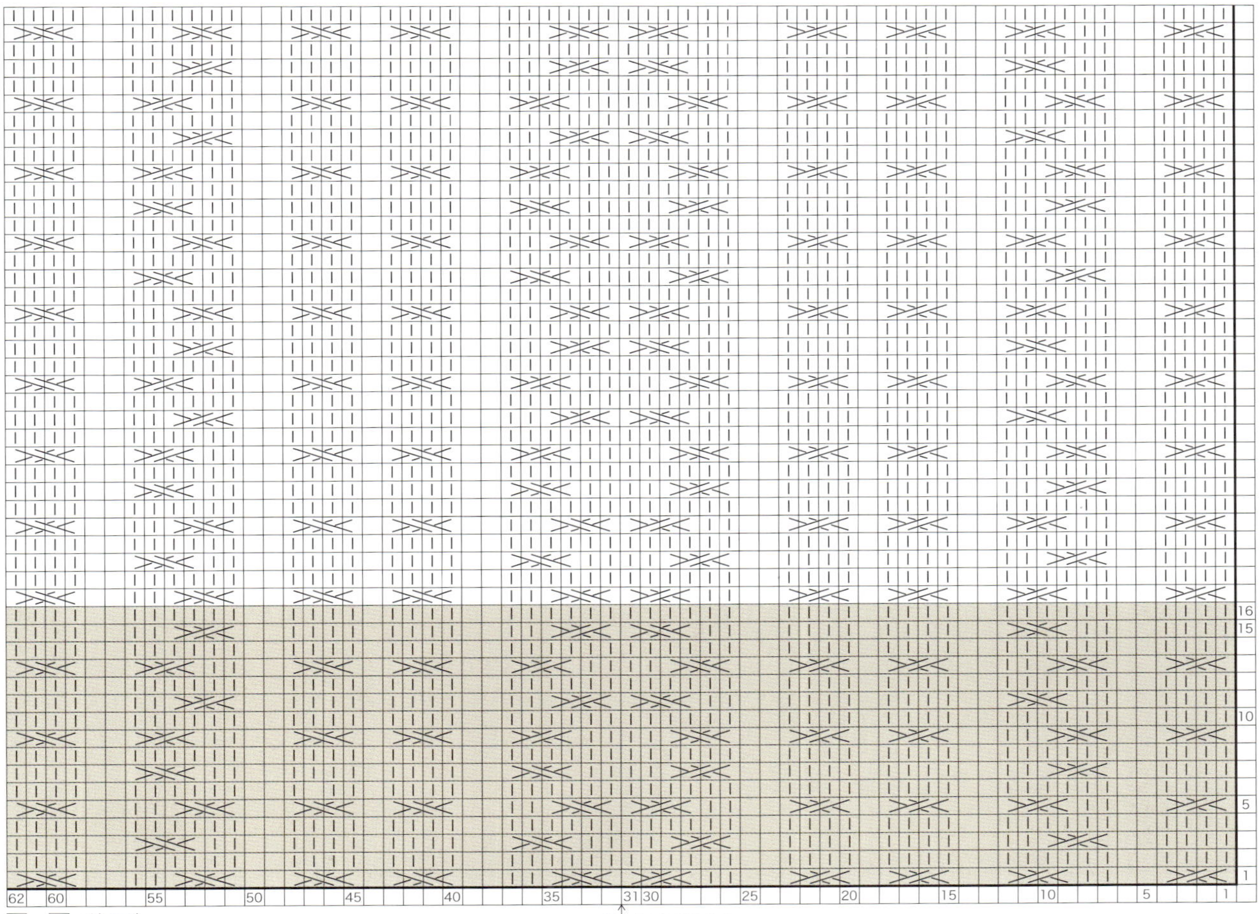

□ = ─ 안뜨기   중심(좌우대칭 배치)

2코 교차뜨기만으로 뜨는 다채로운 표정이 가득한 뜨개바탕. 중심의 교차무늬가 벌어지기 쉬우므로 주의!

031

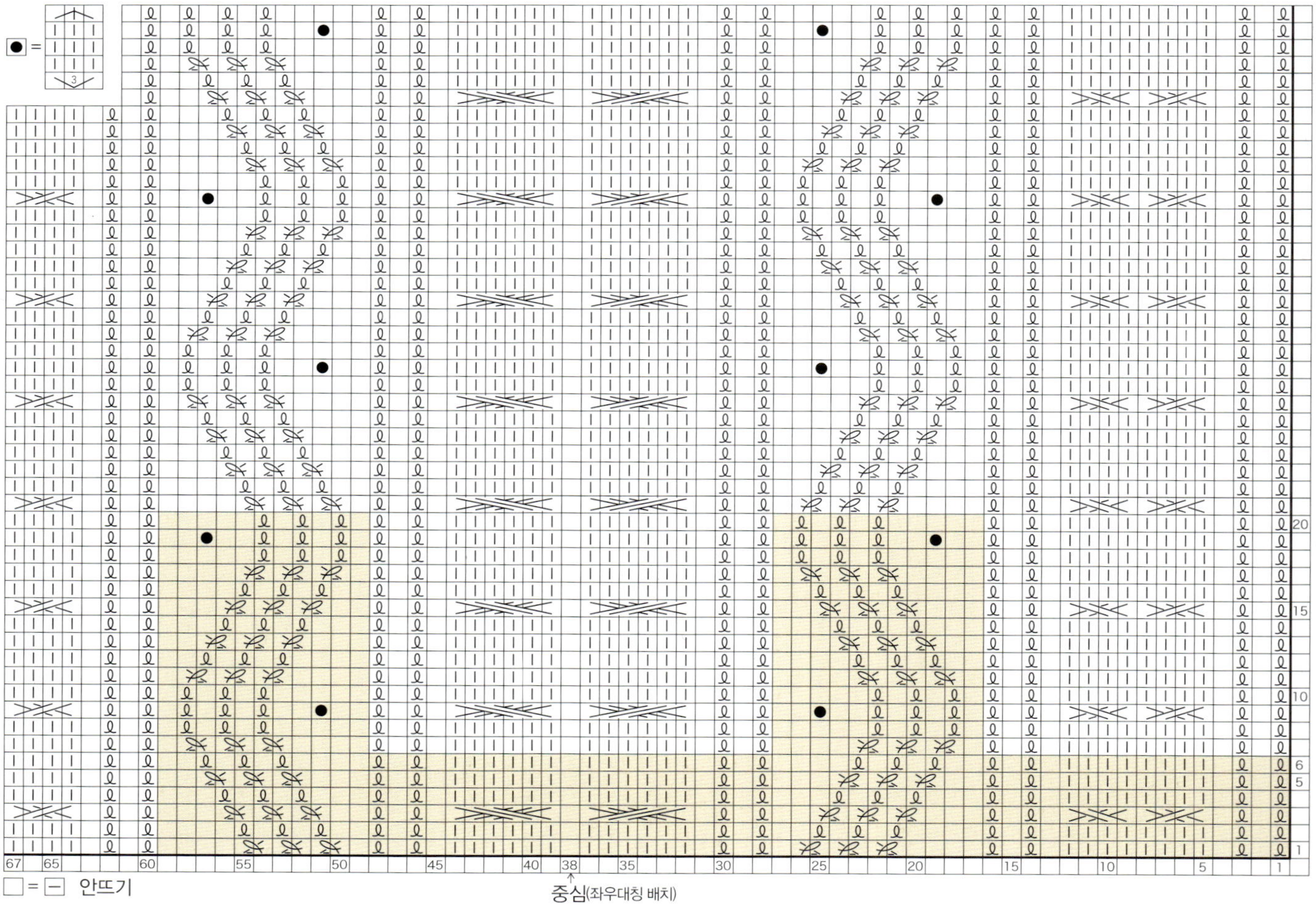

□ = ─ 안뜨기　　중심(좌우대칭 배치)

보기에 복잡할 것 같지만 같은 리듬으로 반복되어서 의외로 뜨기 쉬운 조합

basic patterns

032

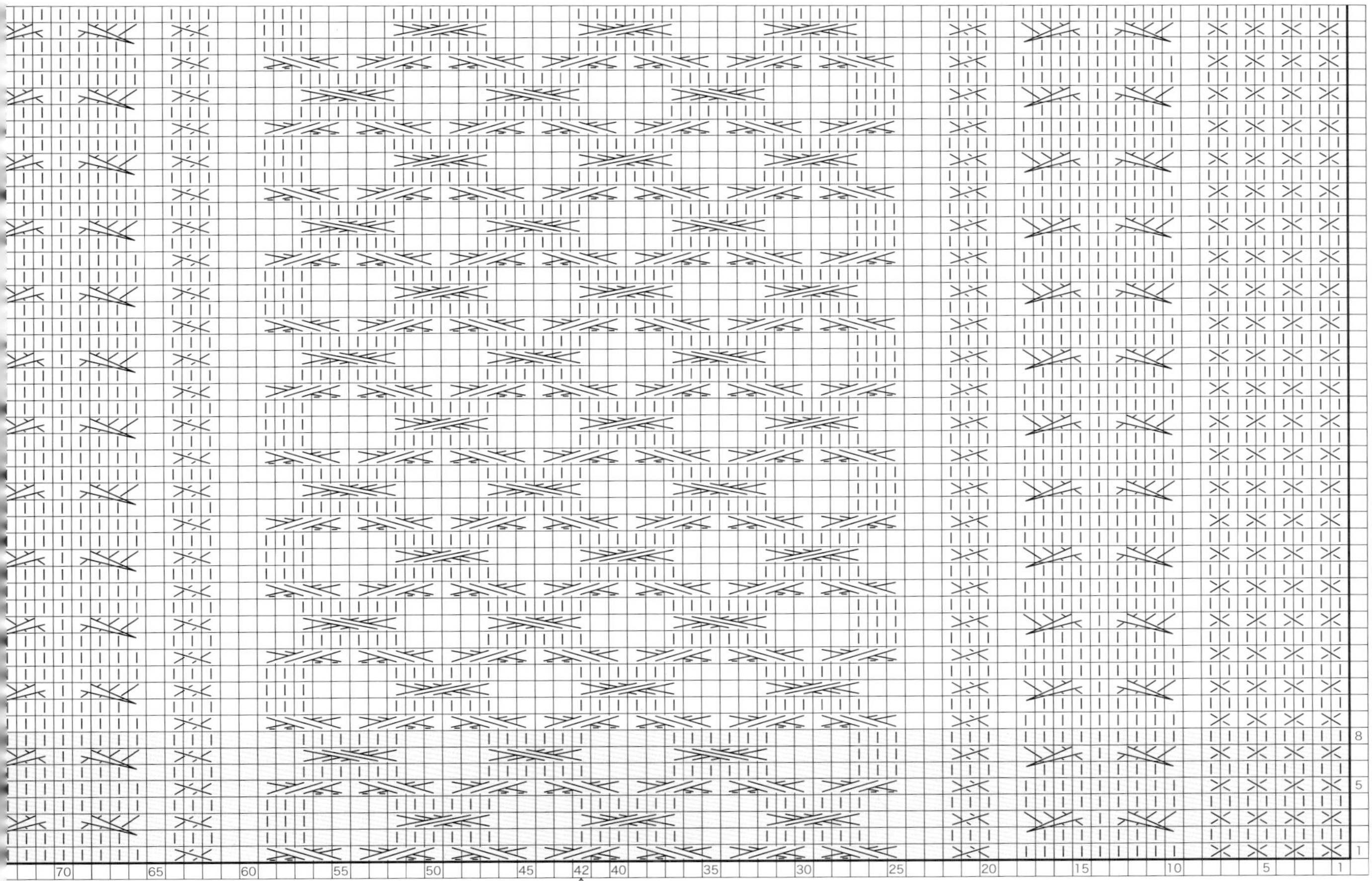

= ⊟ 안뜨기   중심(좌우대칭 배치)

걸러 교차뜨기한 인버티드 걸이 멋진 악센트가 되어줍니다

033

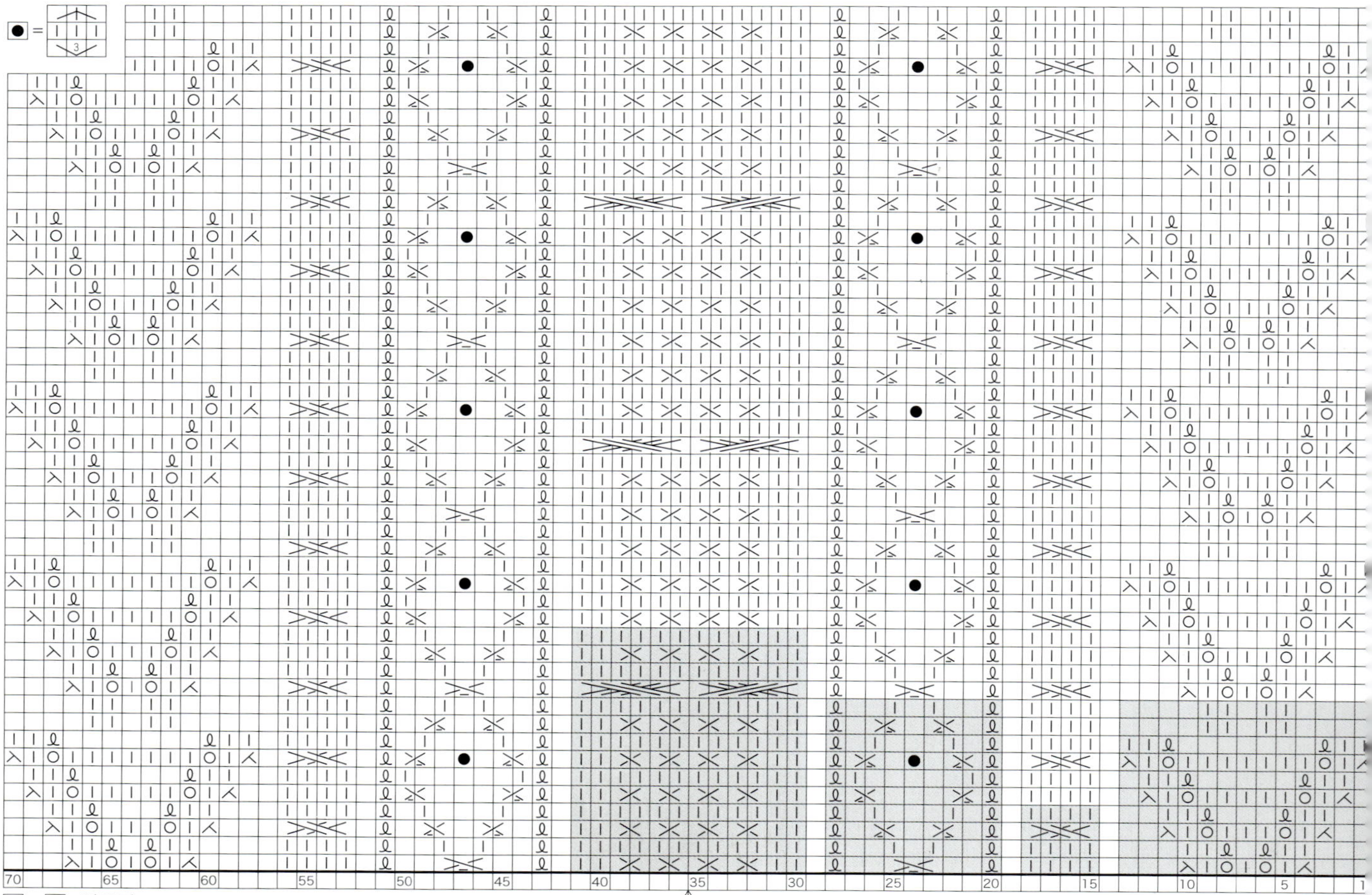

□ = ﹣ 안뜨기

중심(좌우대칭 배치)

 1코 교차뜨기를 예쁘게 뜨는 데 집중!

034

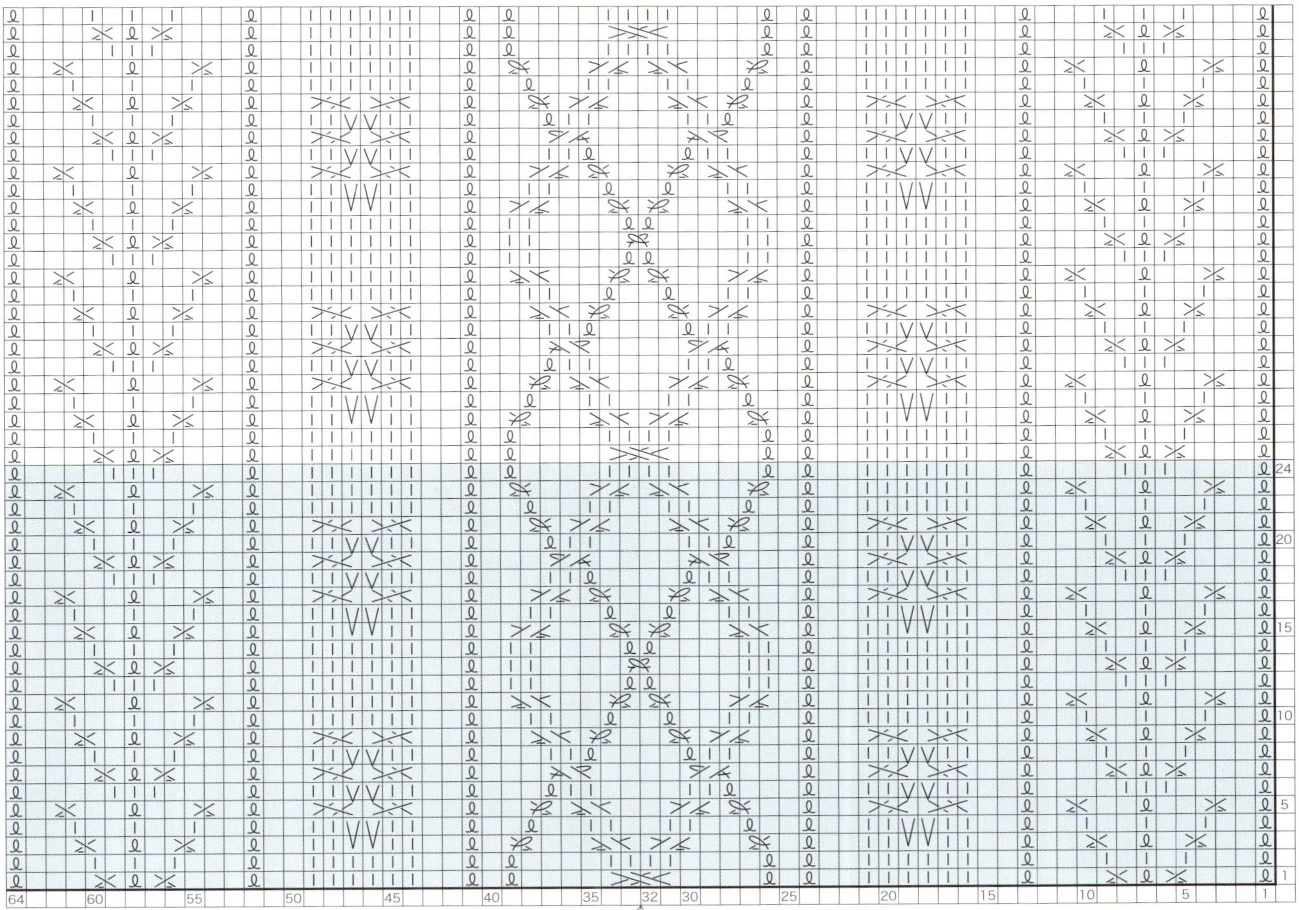

□ = ― 안뜨기   중심(좌우대칭 배치)

돌려뜨기는 코가 고르게 만들어지므로 강약이 있는 무늬가 됩니다

035

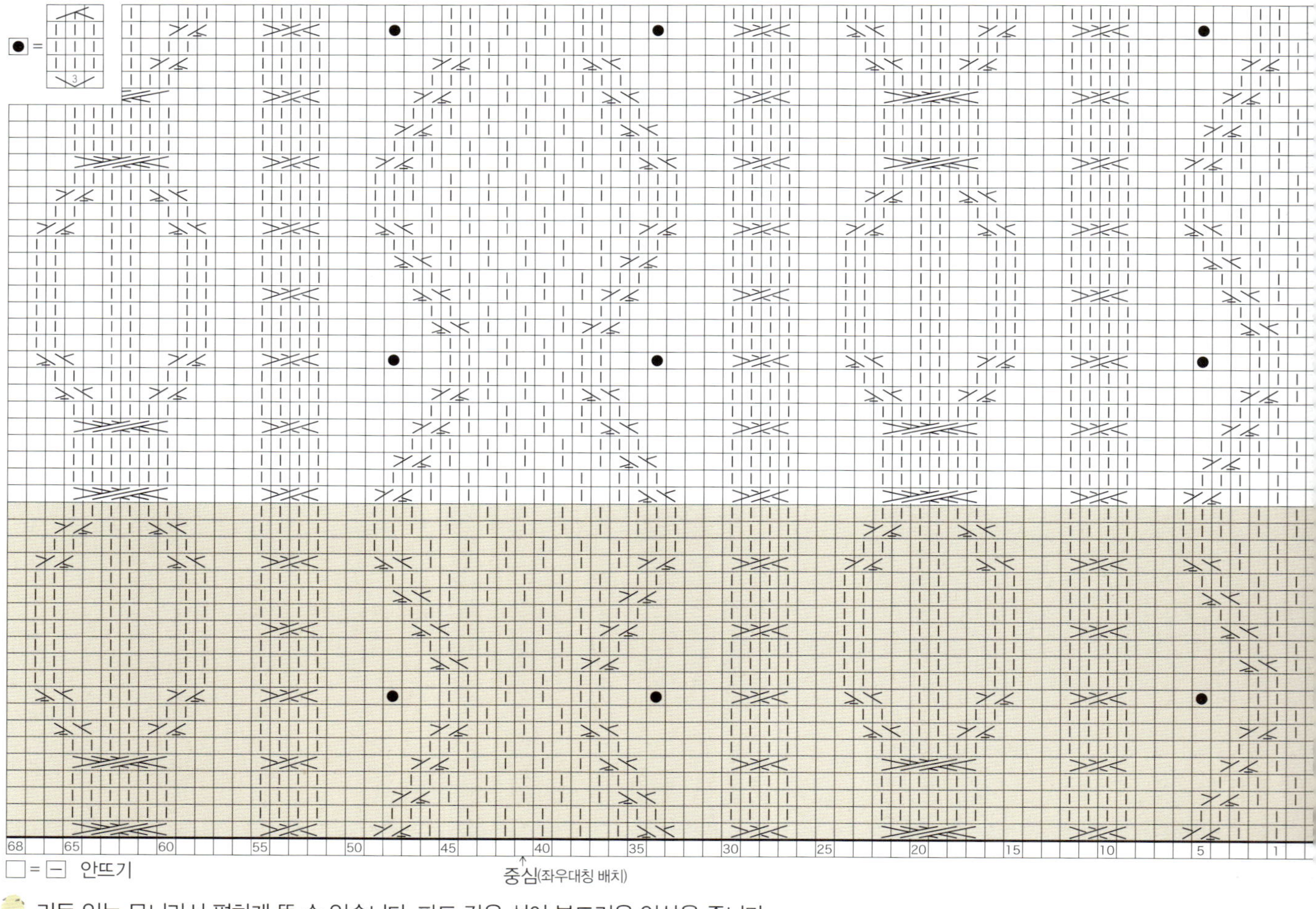

□ = ― 안뜨기　중심(좌우대칭 배치)

리듬 있는 무늬라서 편하게 뜰 수 있습니다. 파도 같은 선이 부드러운 인상을 줍니다

036

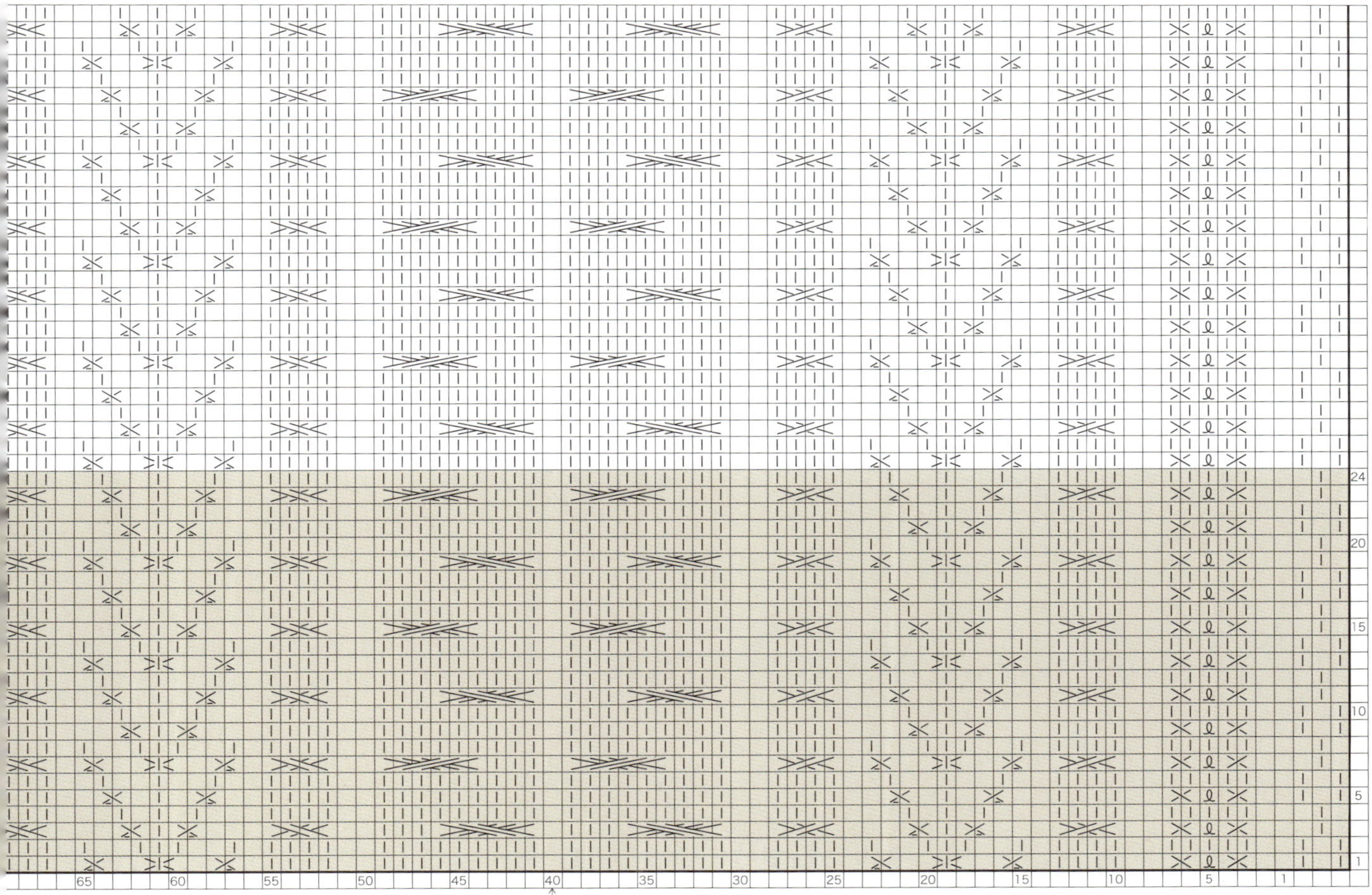

= □ 안뜨기

중심(좌우대칭 배치)

배치가 좌우대칭일 뿐 아니라 교차 방향도 대칭이 되는 것이 포인트

037

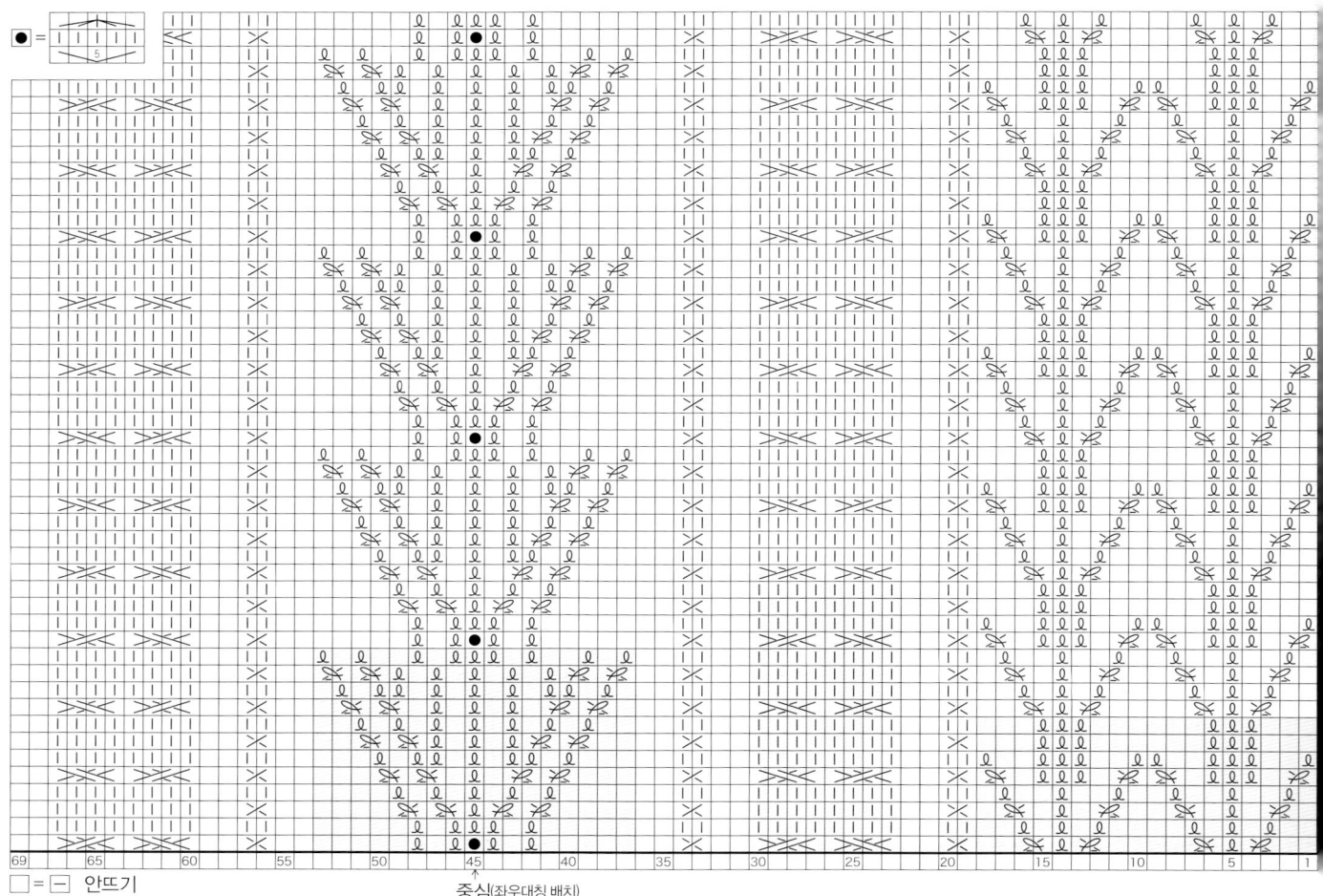

● = (5 stitches decrease symbol)

□ = □ 안뜨기

중심(좌우대칭 배치)

🐑 화려하고 섬세한 결과를 맛볼 수 있는 무늬

= □ 안뜨기

중심(좌우대칭 배치)

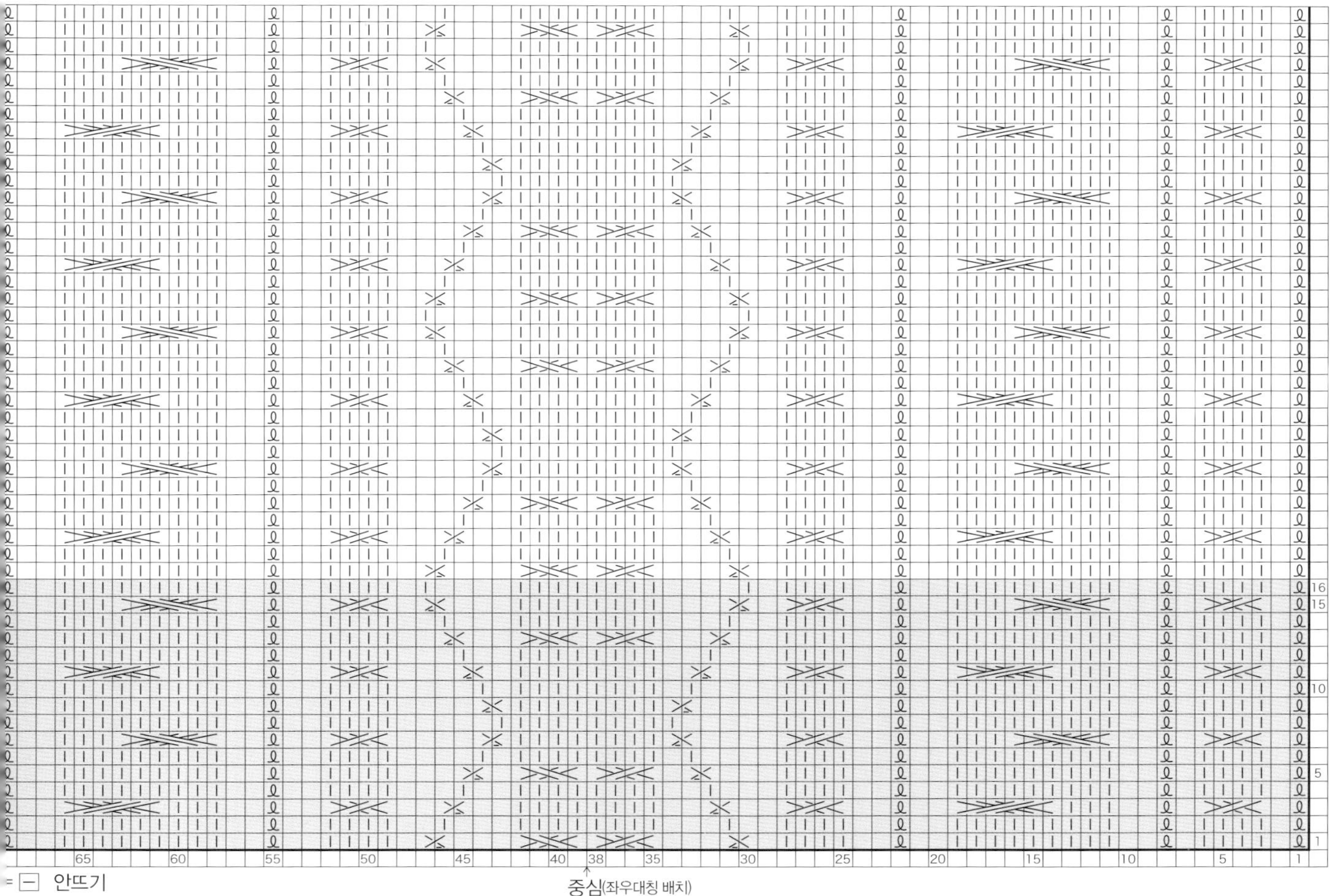

복잡해 보이지만 똑같이 반복하면 되므로 뜨기 쉬운 무늬

039

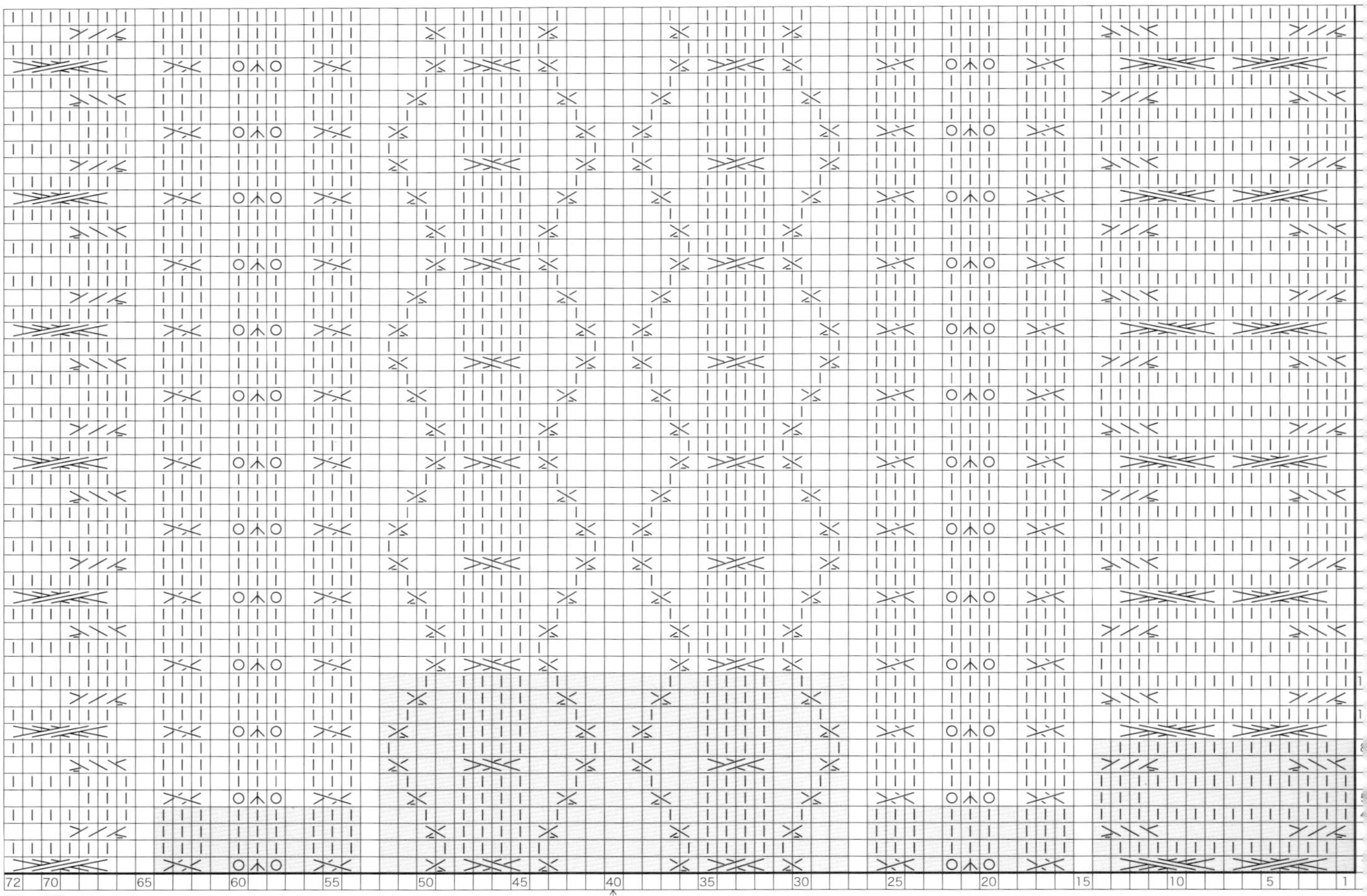

□ = □ 안뜨기 중심(좌우대칭 배치)

양옆의 둥그런 케이블무늬와 1코 교차뜨기의 지그재그무늬의 대비가 재미있습니다

basic patterns

040

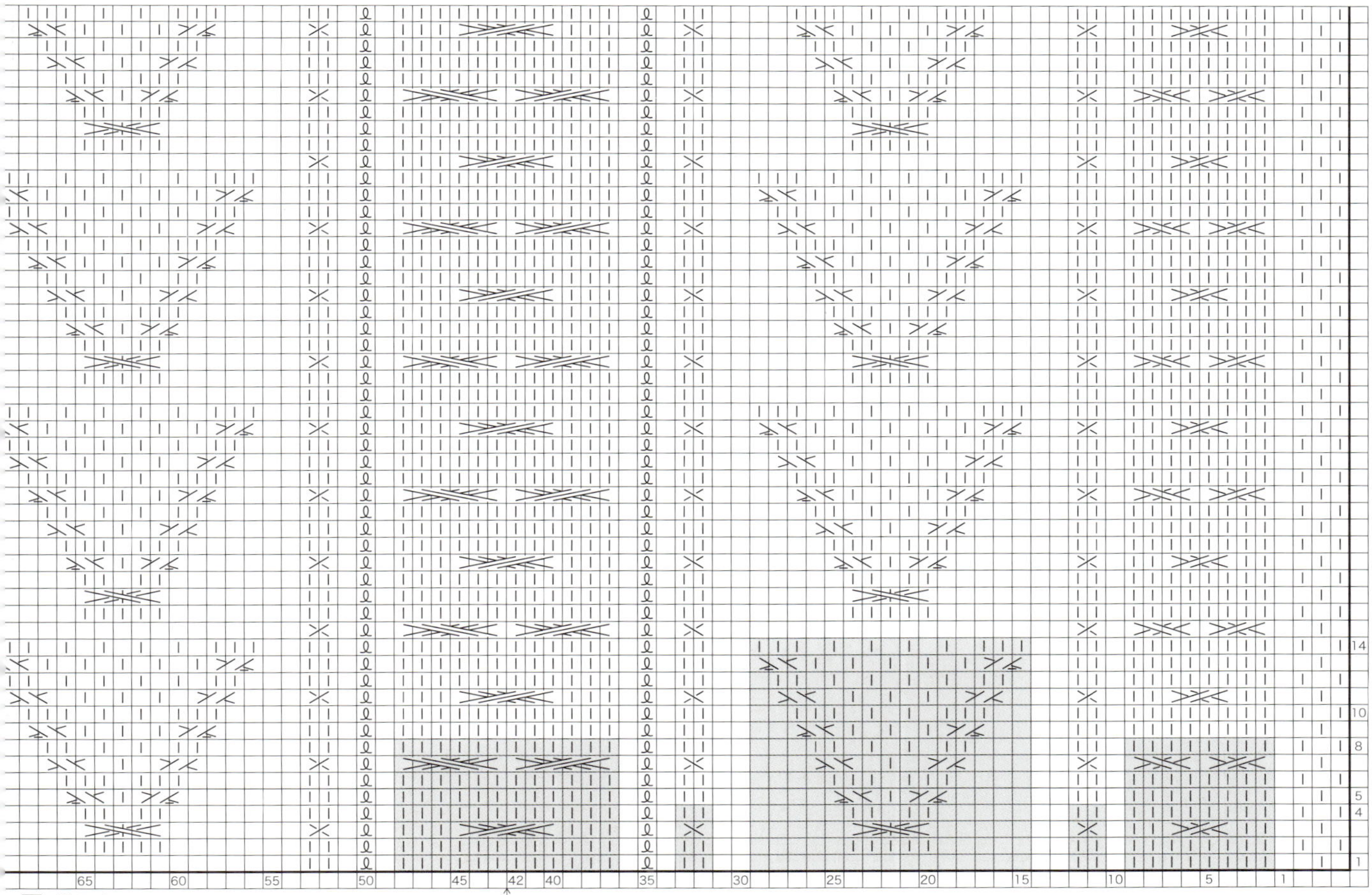

= ⊡ 안뜨기   중심(좌우대칭 배치)

게이지를 낼 때 양옆의 멍석뜨기와의 균형에 주의! 1코 교차뜨기 케이블은 좌우대칭으로 떠집니다

041

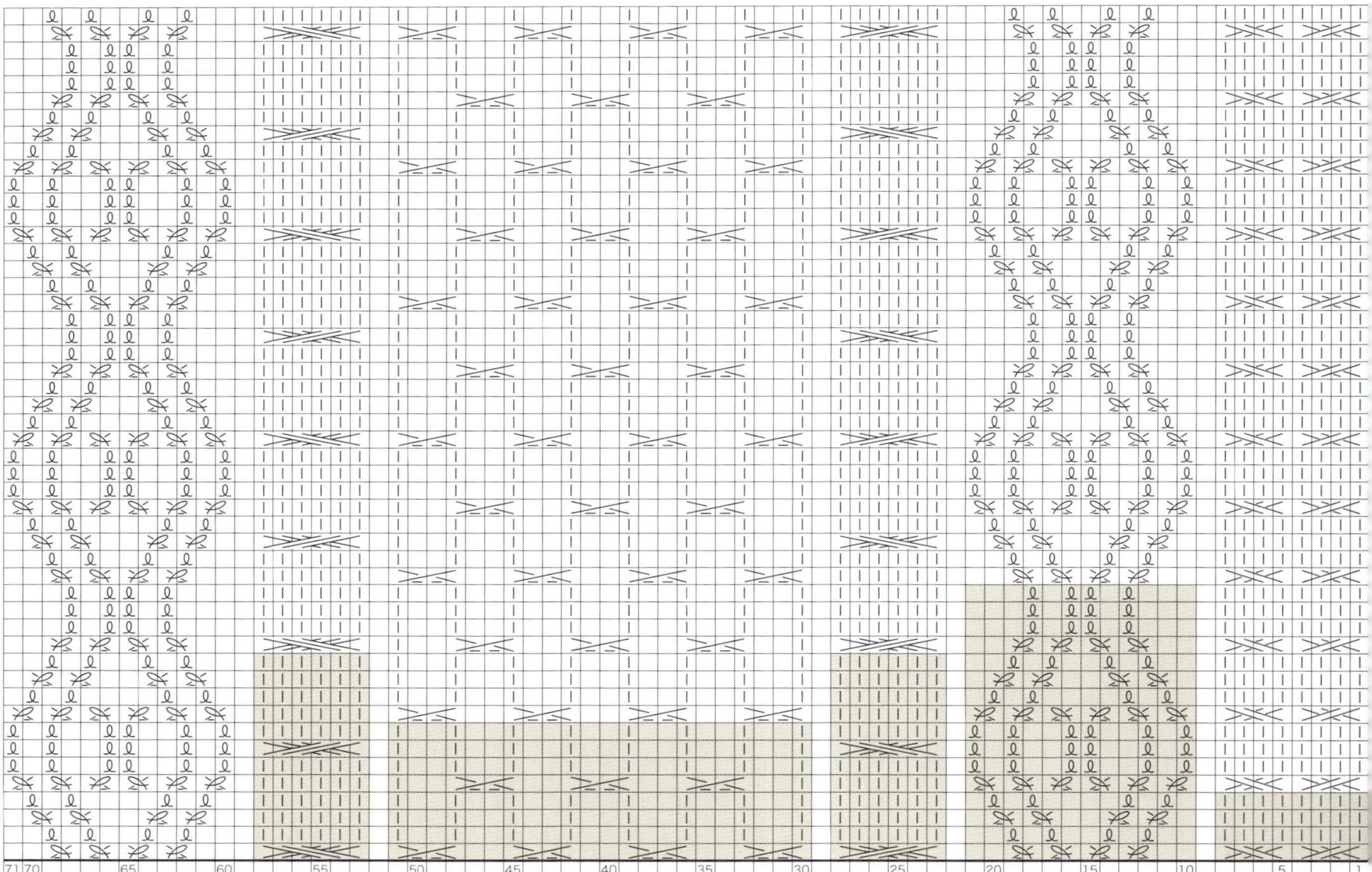

□ = − 안뜨기

중심(좌우대칭 배치)

🐑 '왼코 위 2코 교차뜨기(중앙에 안뜨기 1코 넣기)'는 활 모양과 U자 모양 꽈배기바늘을 사용하면 쉽습니다

basic patterns 042

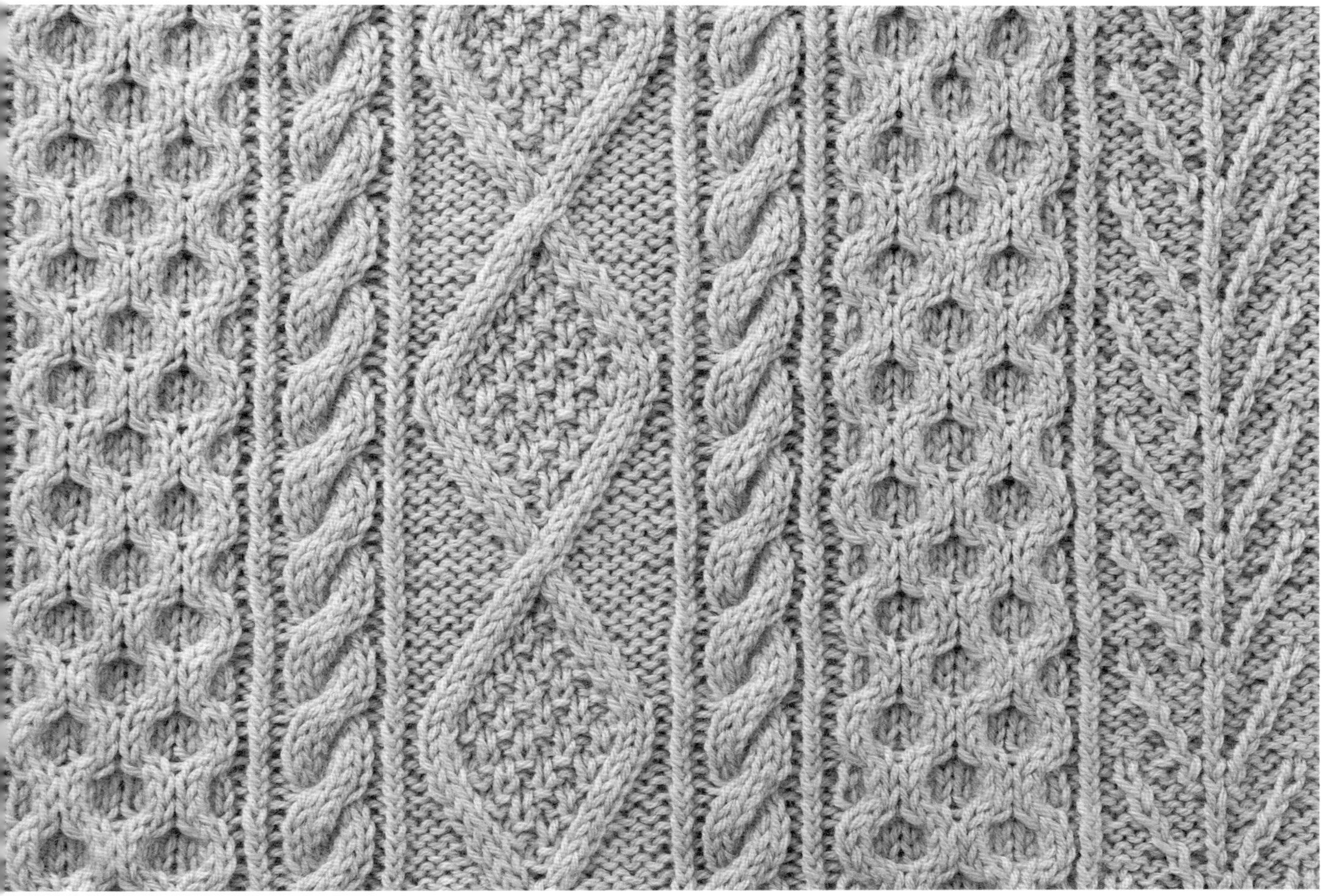

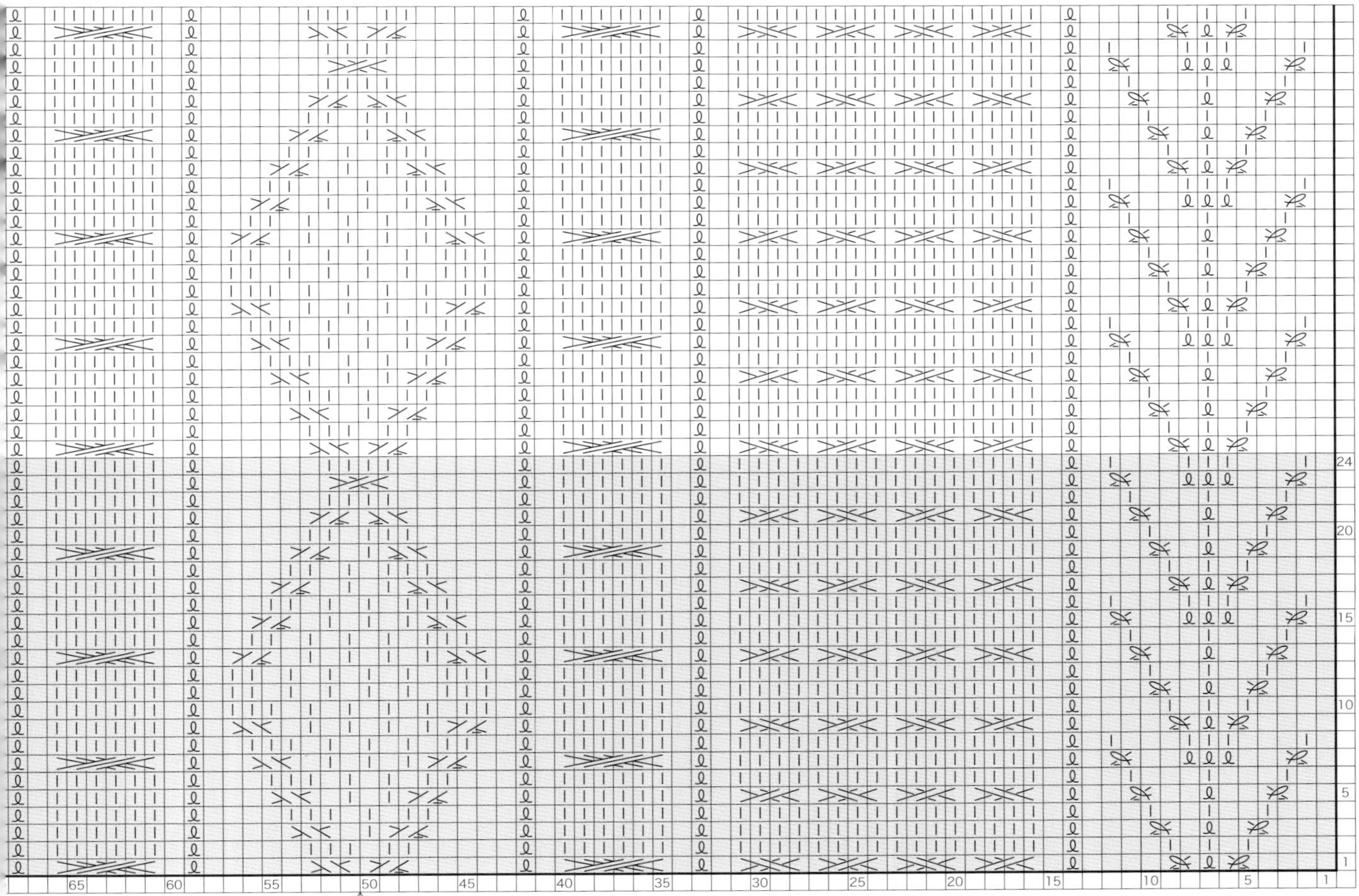

벌집, 다이아몬드, 생명의 나무, 케이블을 조합해 아란무늬의 분위기를 한껏 즐길 수 있습니다

큰 무늬 main patterns

1무늬의 콧수나 단수가 많아서 인상적인 무늬를 모았습니다. 패턴을 구성할 때 메인으로 삼기 좋습니다.

043

🐑 다이아몬드무늬 안에 멍석뜨기를 넣으면 귀여운 느낌이 납니다

044

🐑 각각의 반복이 알기 쉬워서 뜨기도 쉬운 무늬

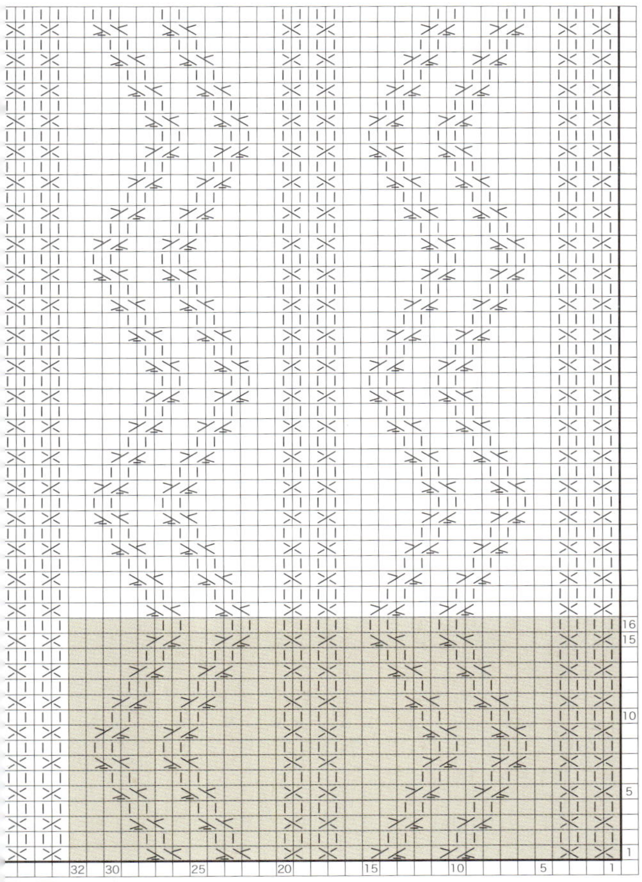

□ = ⊟ 안뜨기

045

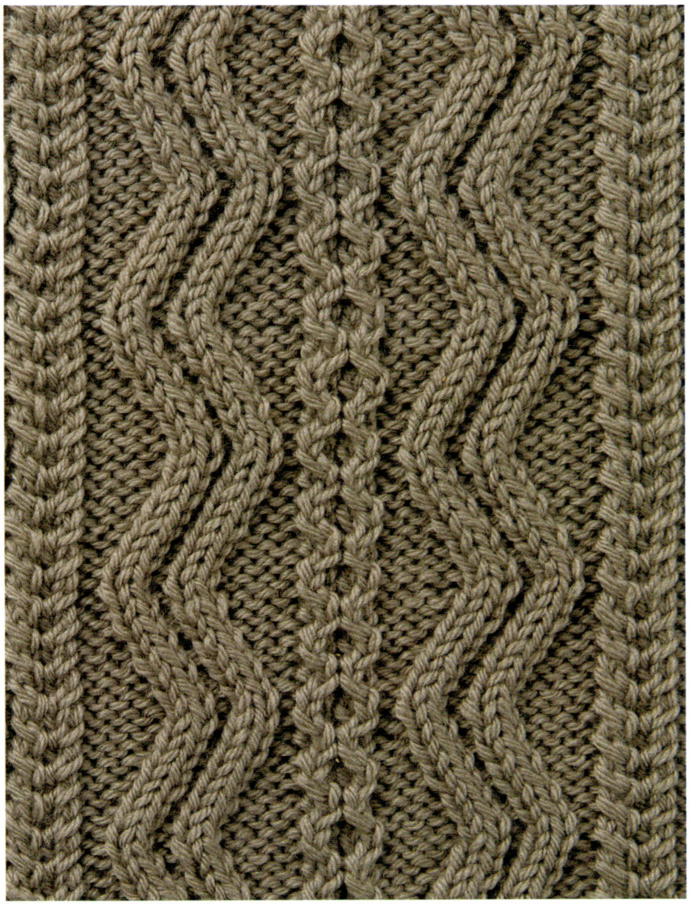

무늬 사이의 안뜨기를 깔끔하게 뜨면 도드라지는 무늬가 더 예쁩니다

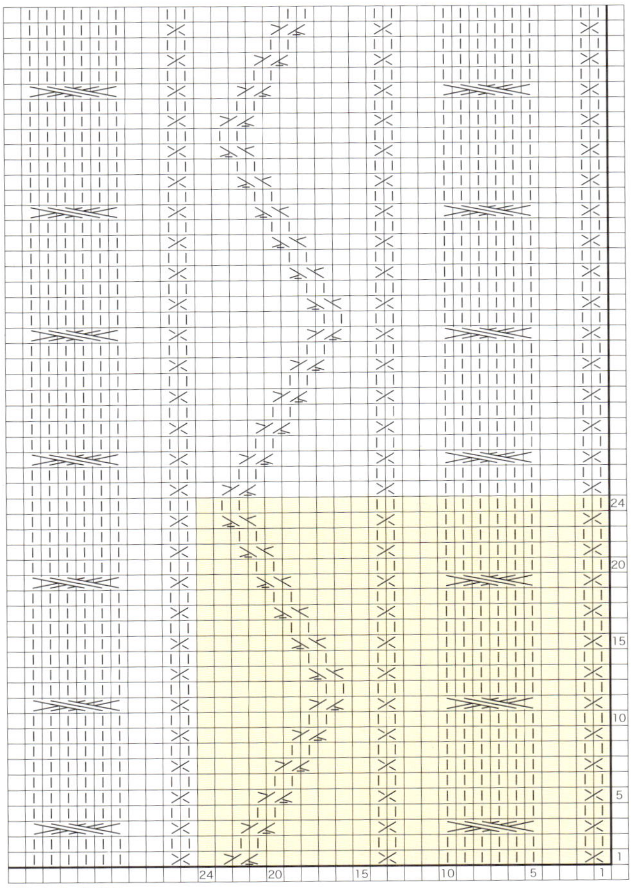

□ = ⊟ 안뜨기

046

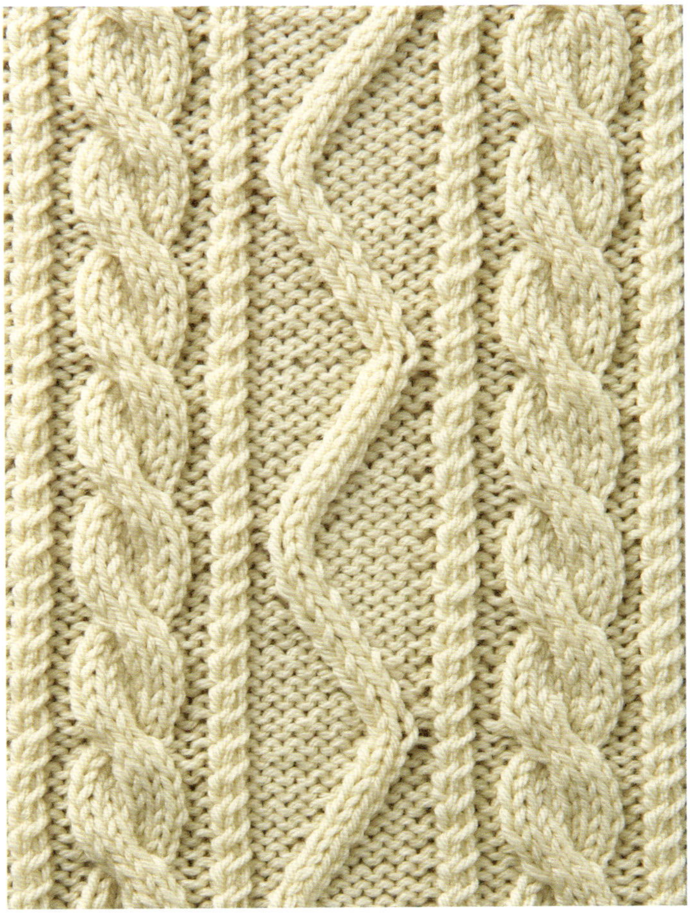

간단해서 뜨기 쉬운 무늬. 동적인 무늬라서 숄이나 스커트에 잘 어울립니다

047

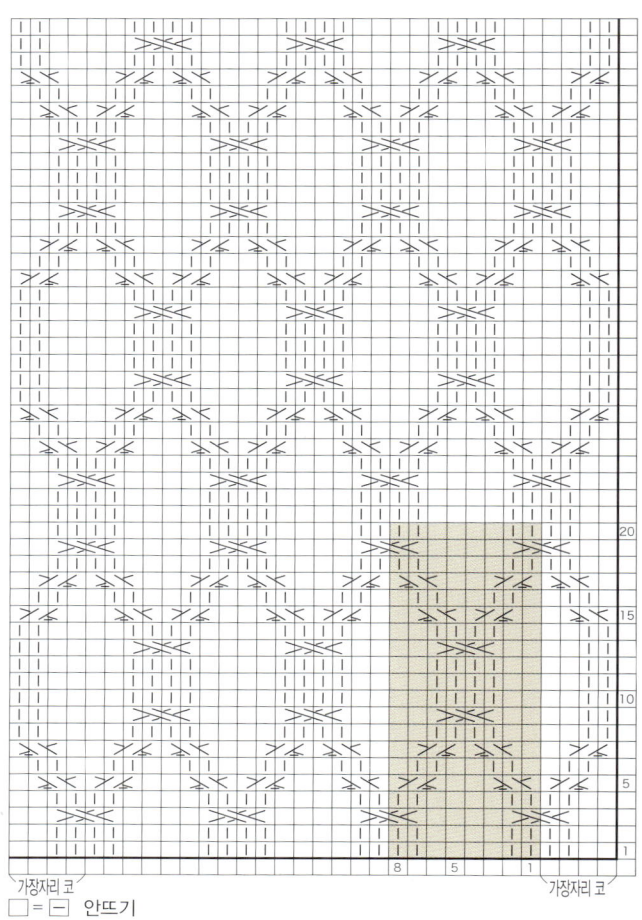

🐑 옆의 케이블과 서로 얽힌 케이블이 호화로운 인상

048

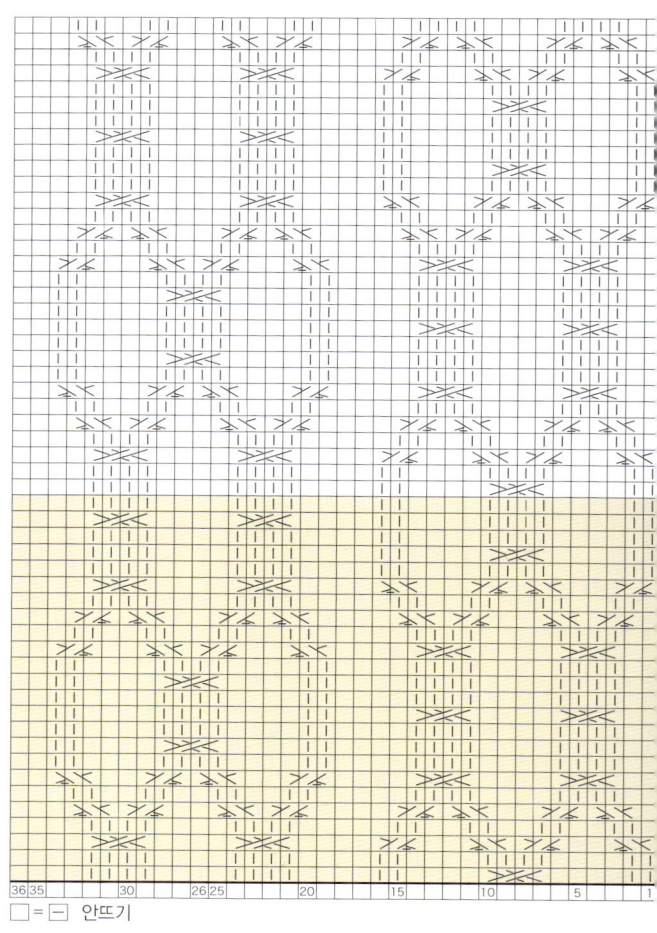

🐑 복잡해 보이지만 케이블만으로 구성한 아란무늬

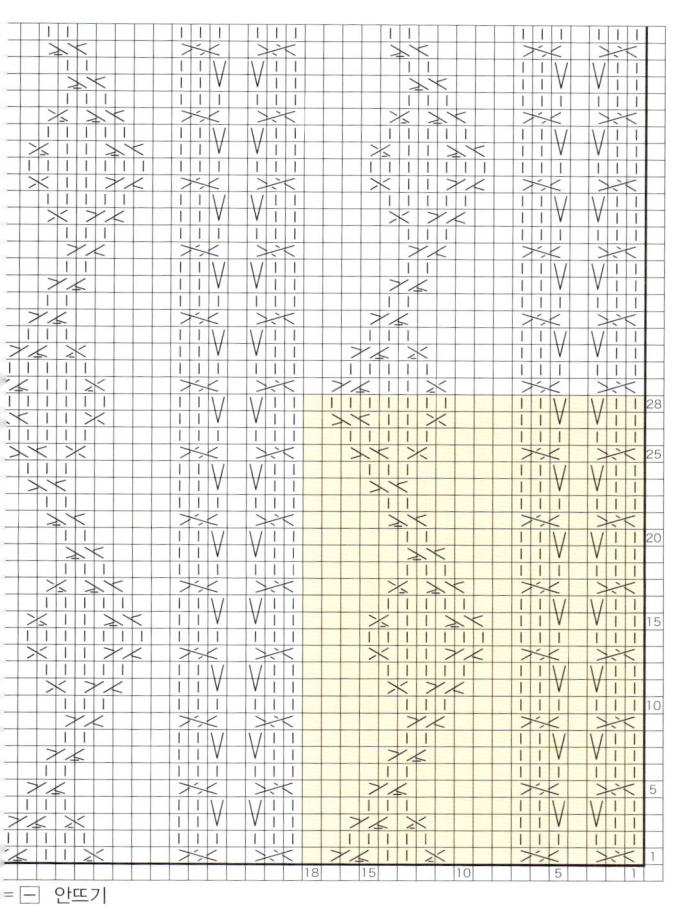
= □ 안뜨기

049

걸러뜨기를 사용한 교차뜨기가 효과적인 뜨개바탕

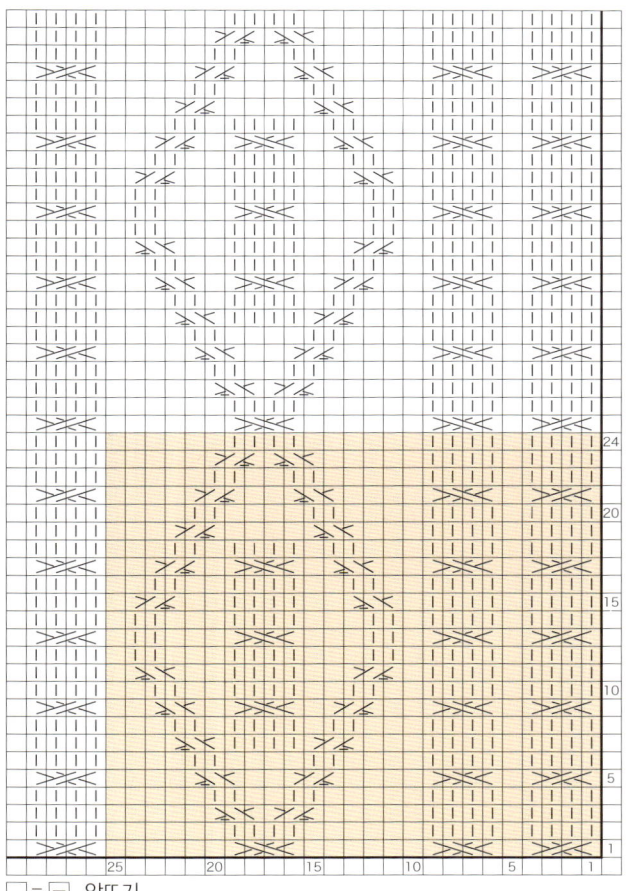
□ = □ 안뜨기

050

간단한 교차를 조합해서 만들었습니다. 하트무늬가 이어진 것처럼 보이는 바깥쪽 케이블도 포인트!

051

□ = ⊟ 안뜨기

중심(좌우대칭 배치)

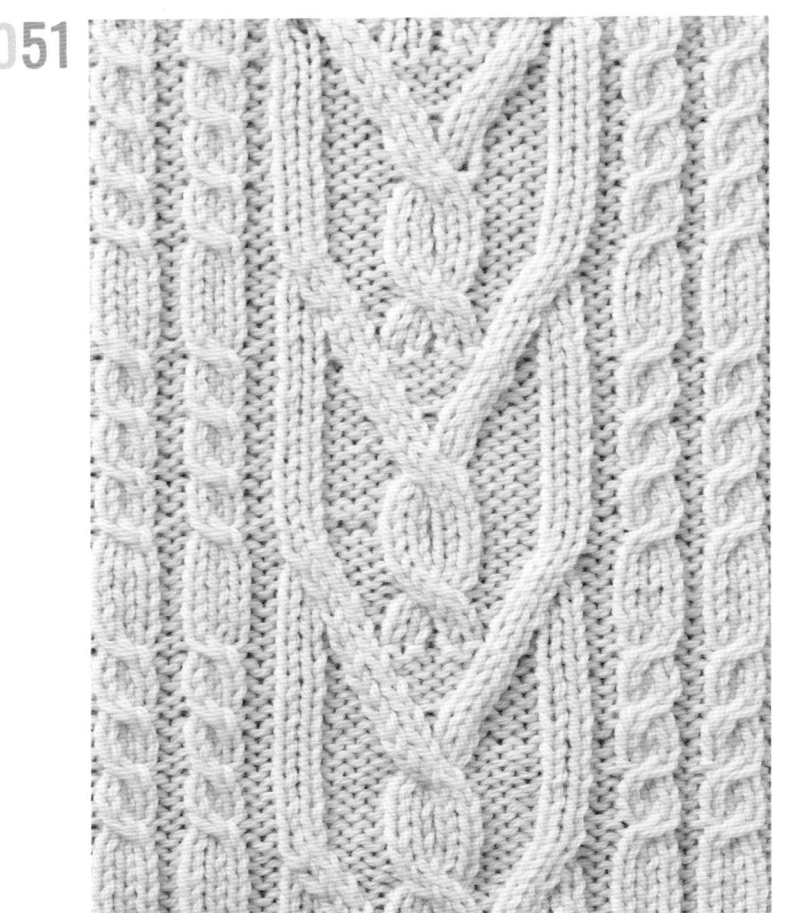

스웨터나 큼직한 숄에 사용하기 좋은 무늬

052

□ = ⊟ 안뜨기

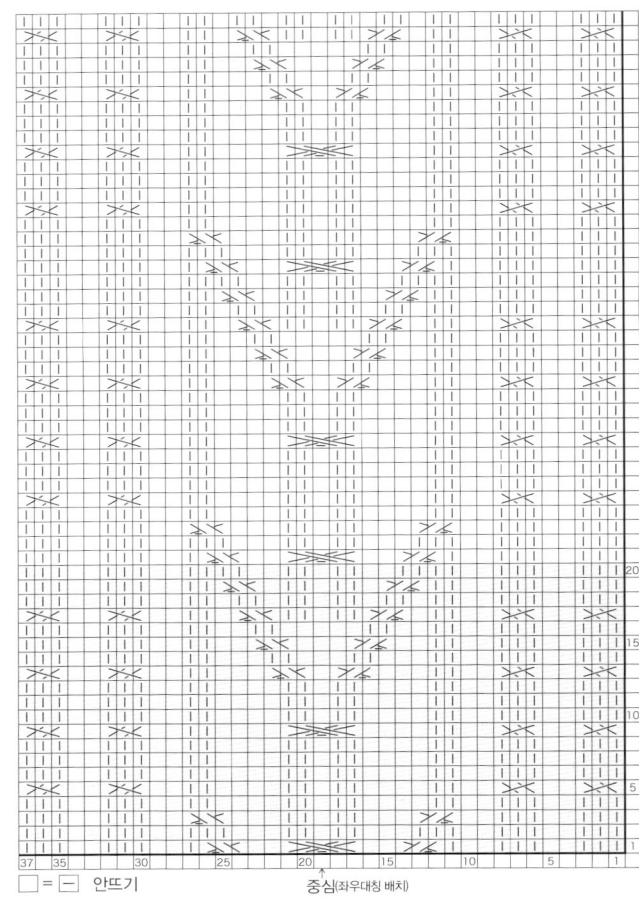

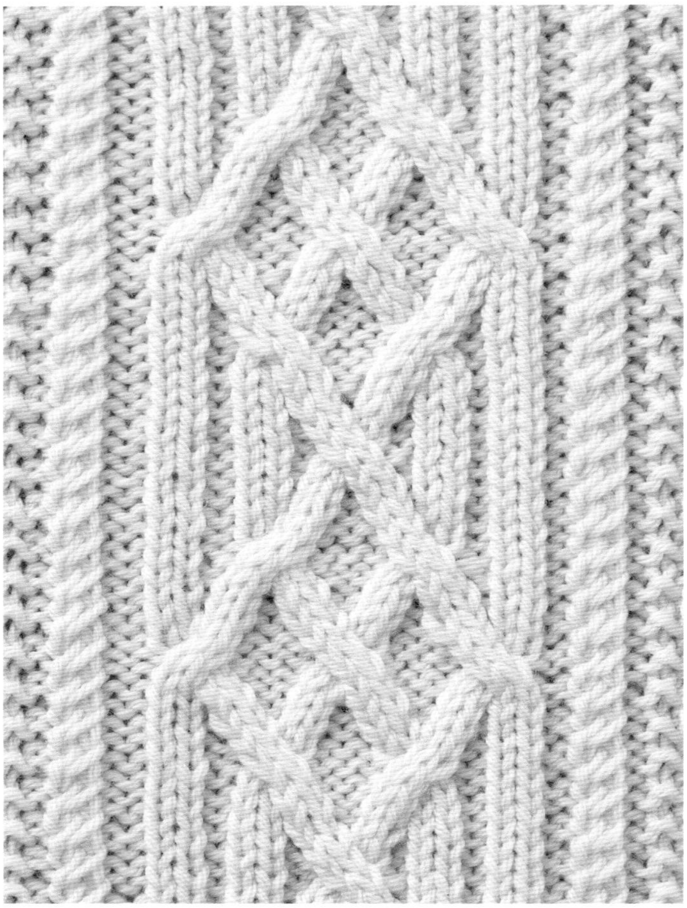

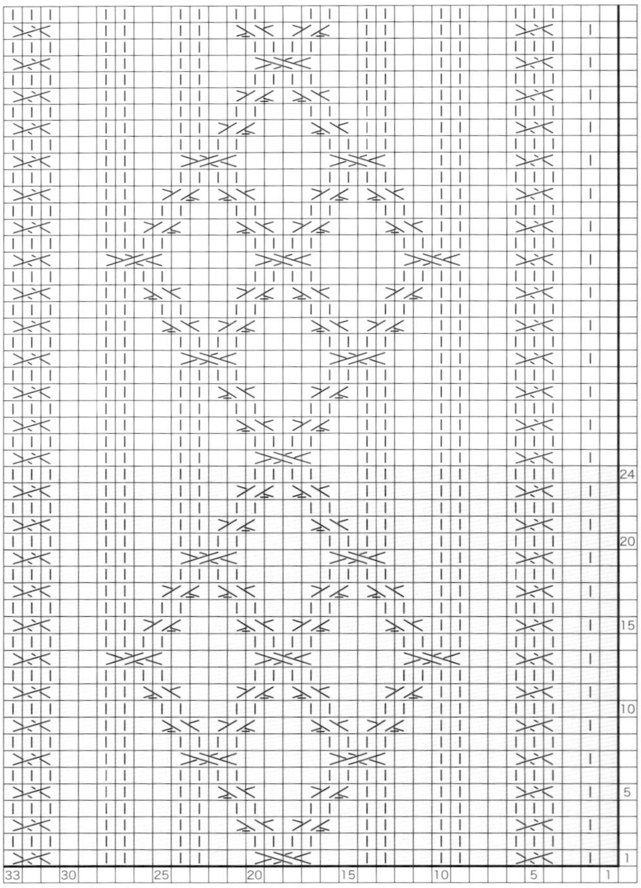

아란무늬지만 직선으로 구성되어 산뜻한 인상을 줍니다. 스웨터의 중심에 배치하면 OK

… main patterns

053

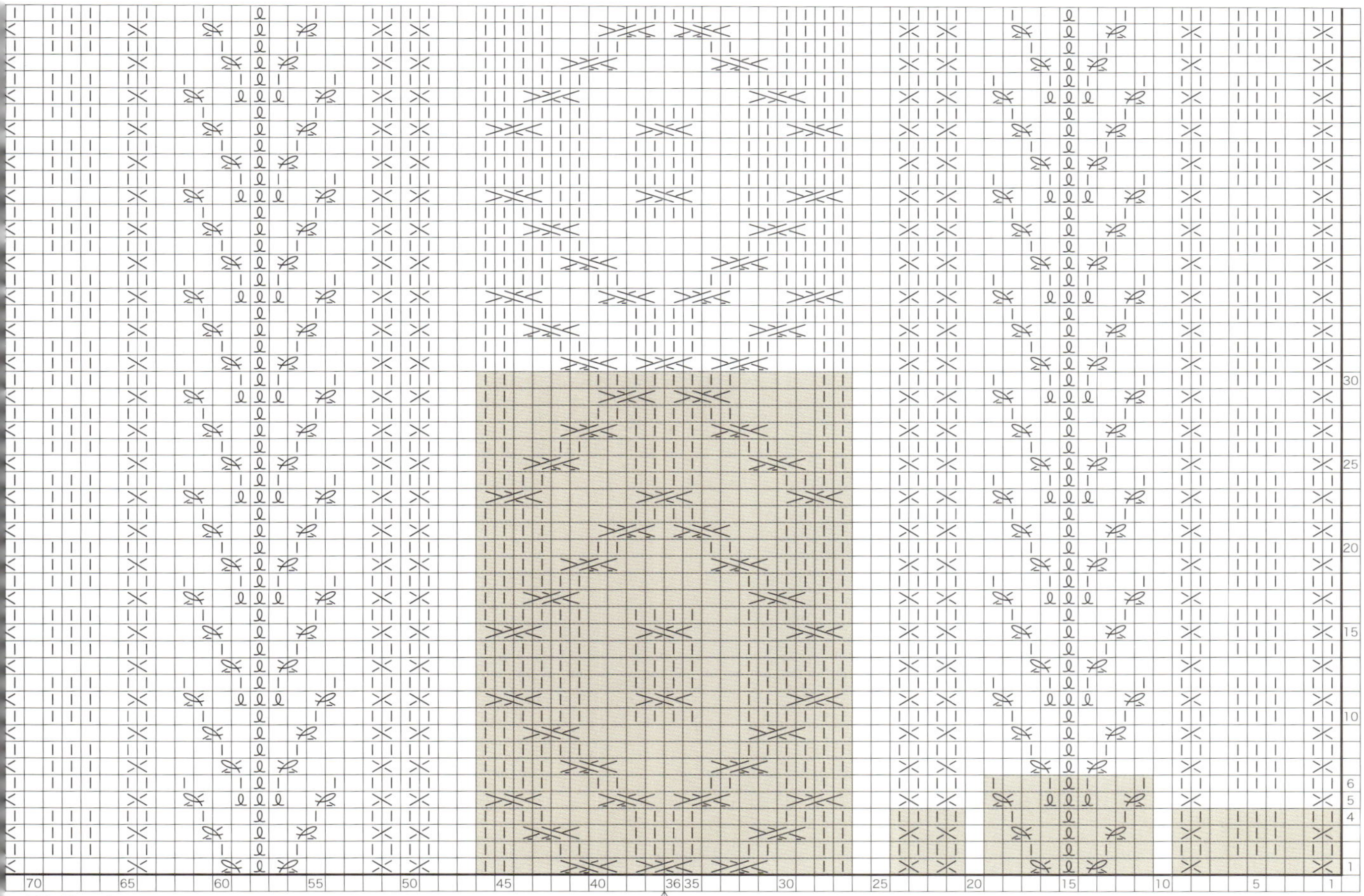

= — 안뜨기   중심(좌우대칭 배치)

중앙의 케이블무늬가 멋집니다. 중성적인 분위기의 카디건을 뜰 때 어울릴 만한 무늬

47

054

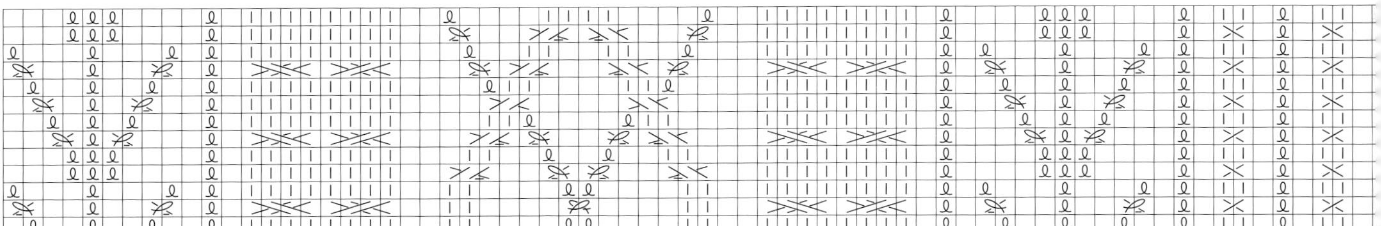

□ = ⊟ 안뜨기

중심(좌우대칭 배치)

돌려뜨기로 만든 가는 선과 굵은 교차 선의 조합이 재미있는 디자인

055

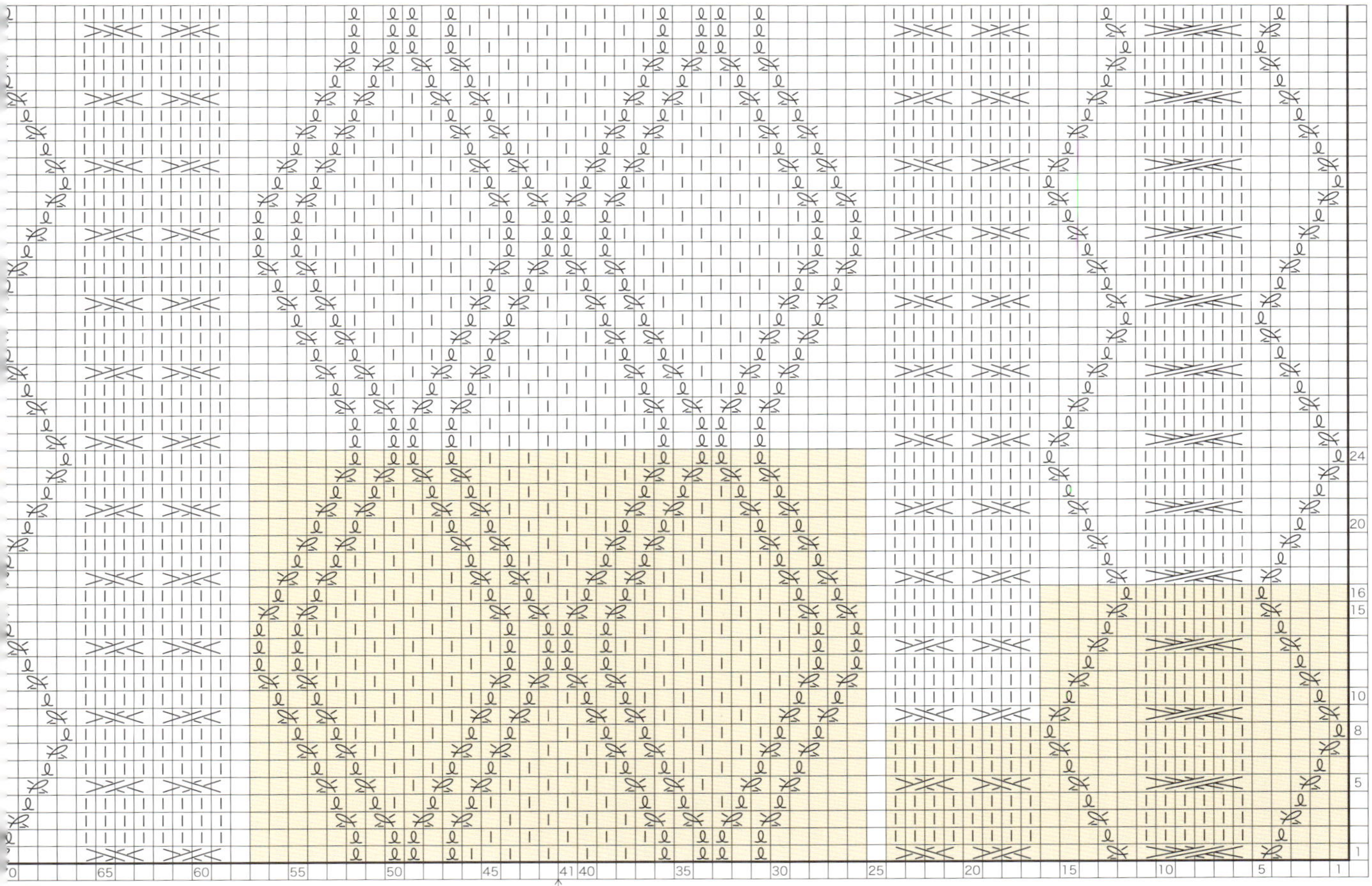

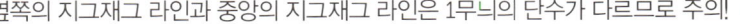

= ⊡ 안뜨기   중심(좌우대칭 배치)

옆쪽의 지그재그 라인과 중앙의 지그재그 라인은 1무늬의 단수가 다르므로 주의!

056

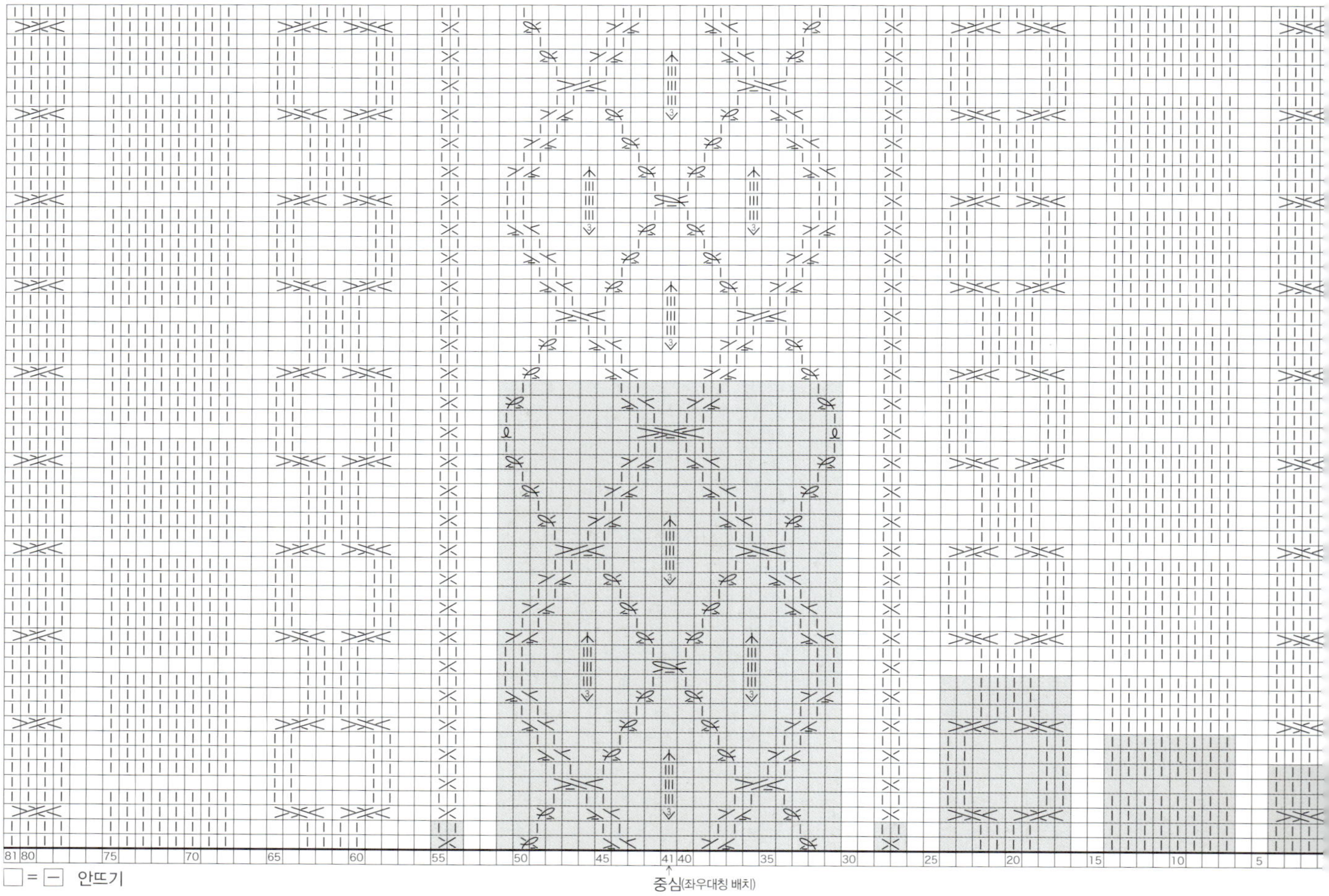

중심(좌우대칭 배치)

□ = — 안뜨기   중심(좌우대칭 배치)

🐑 1코 교차뜨기와 2코 교차뜨기의 케이블은 중심에서 좌우대칭이므로 주의! 양옆의 무늬는 단순하지만 뜰 때 재미있답니다

main patterns

057

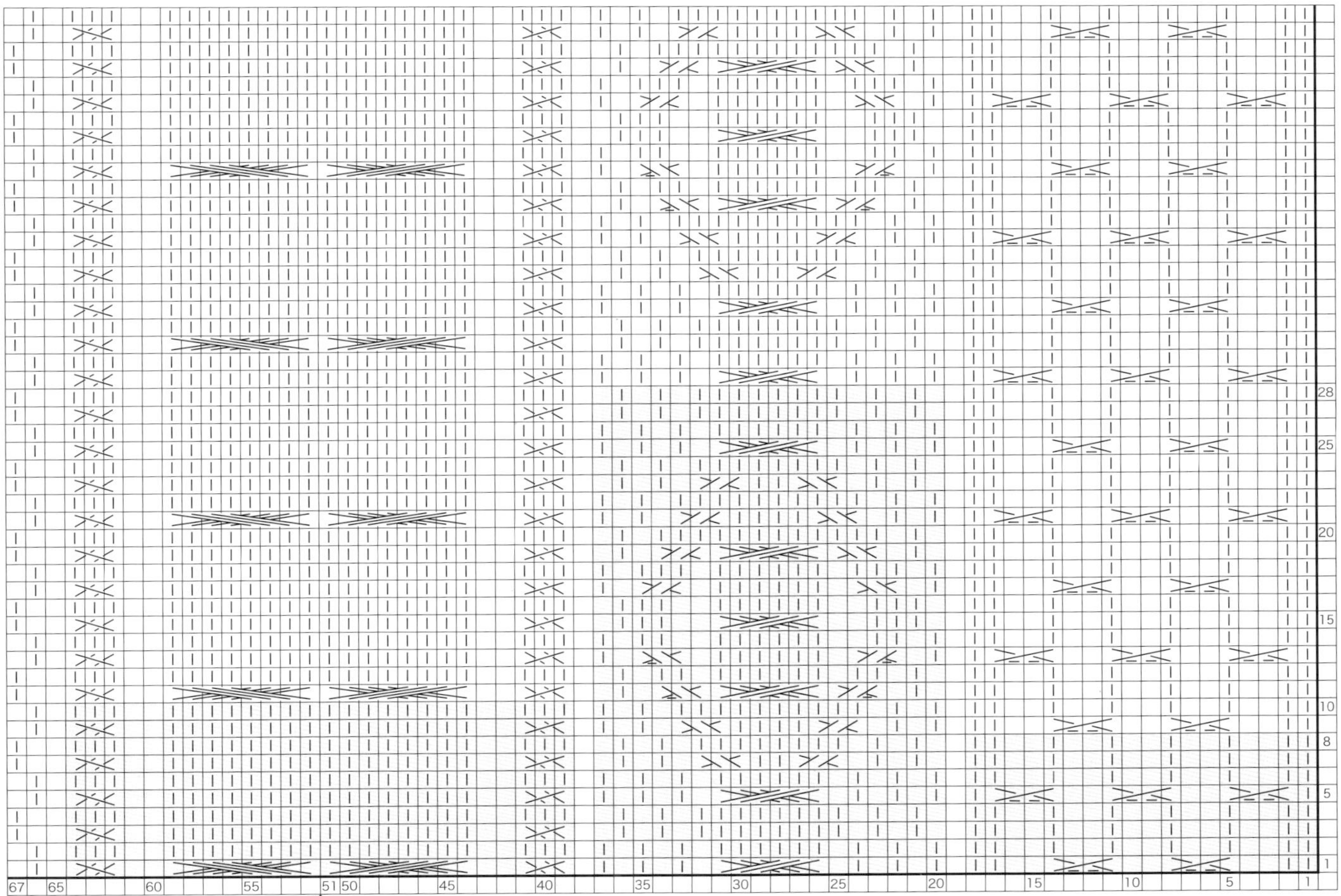

□ = ― 안뜨기   중심(좌우대칭 배치)

두툼한 뜨개바탕이 되므로 카디건이나 재킷 등 아우터에 적합합니다. 중심에서 교차를 대칭으로 해도 OK

058

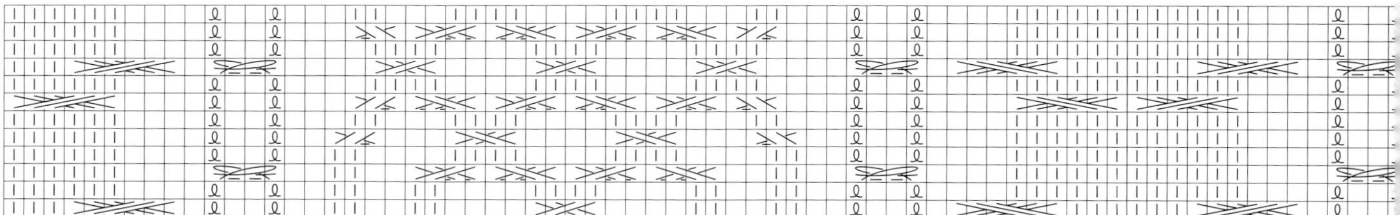

□ = □ 안뜨기

중심(좌우대칭 배치)

입체감 있는 움직임이 즐거운 무늬

main patterns

059

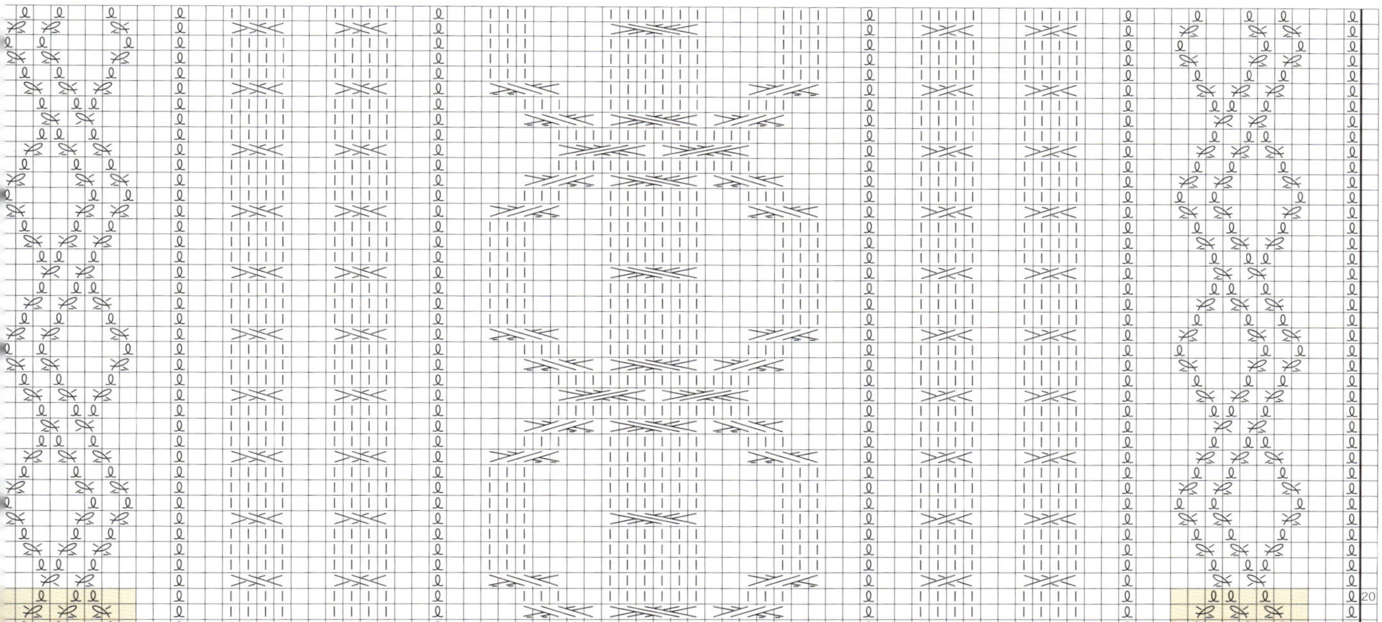

중심(좌우대칭 배치)

□ = │─│ 안뜨기

옆쪽의 지그재그와 케이블은 중심에서 좌우대칭이므로 교차 방향에 주의!

060

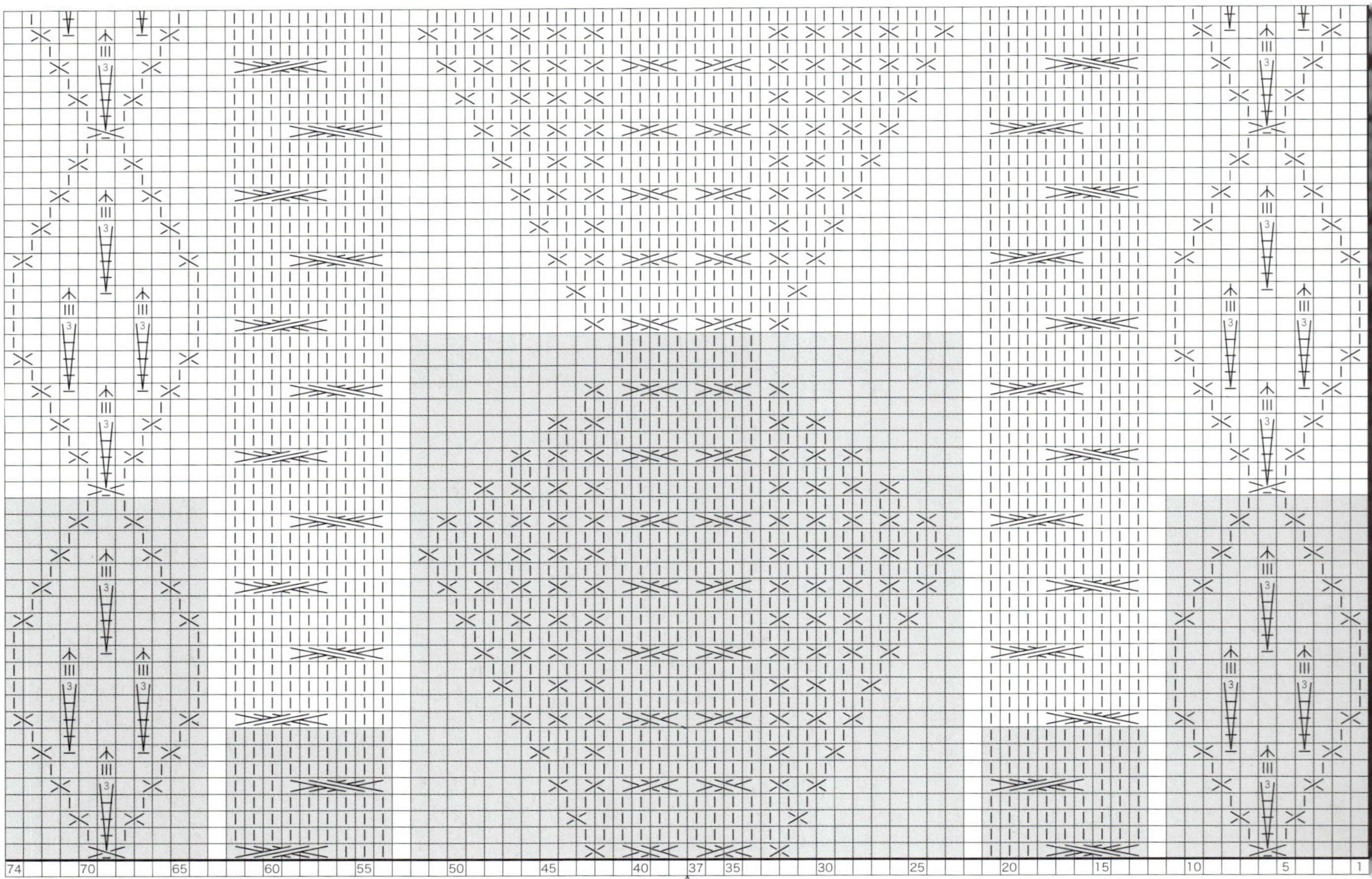

□ = ﹣ 안뜨기

중심(좌우대칭 배치)

4단 끌어올려 구슬뜨기가 독특한 느낌을 만듭니다. 1코 교차뜨기로 만드는 다이아몬드는 선이 고르게 나오도록 뜹니다.

061

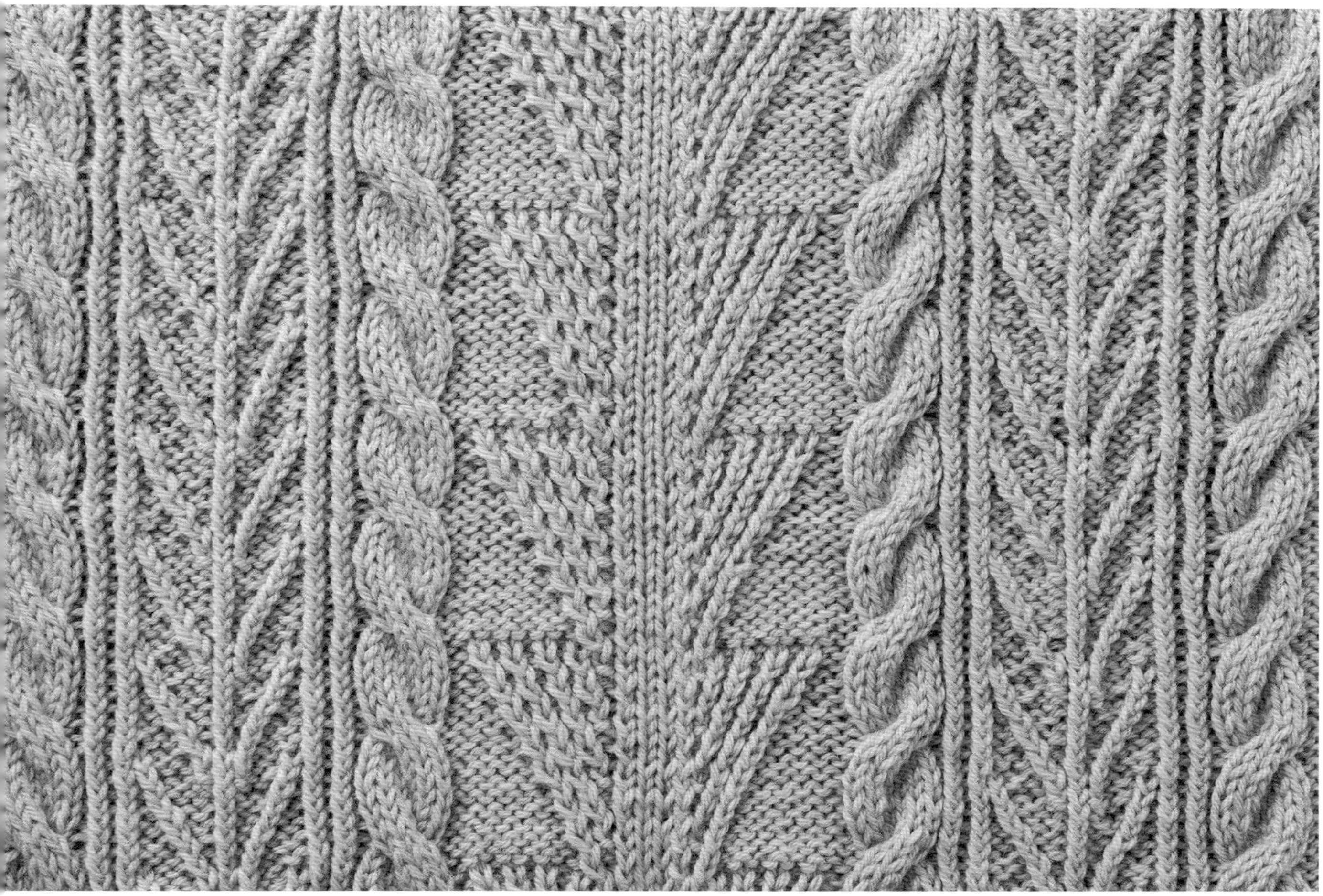

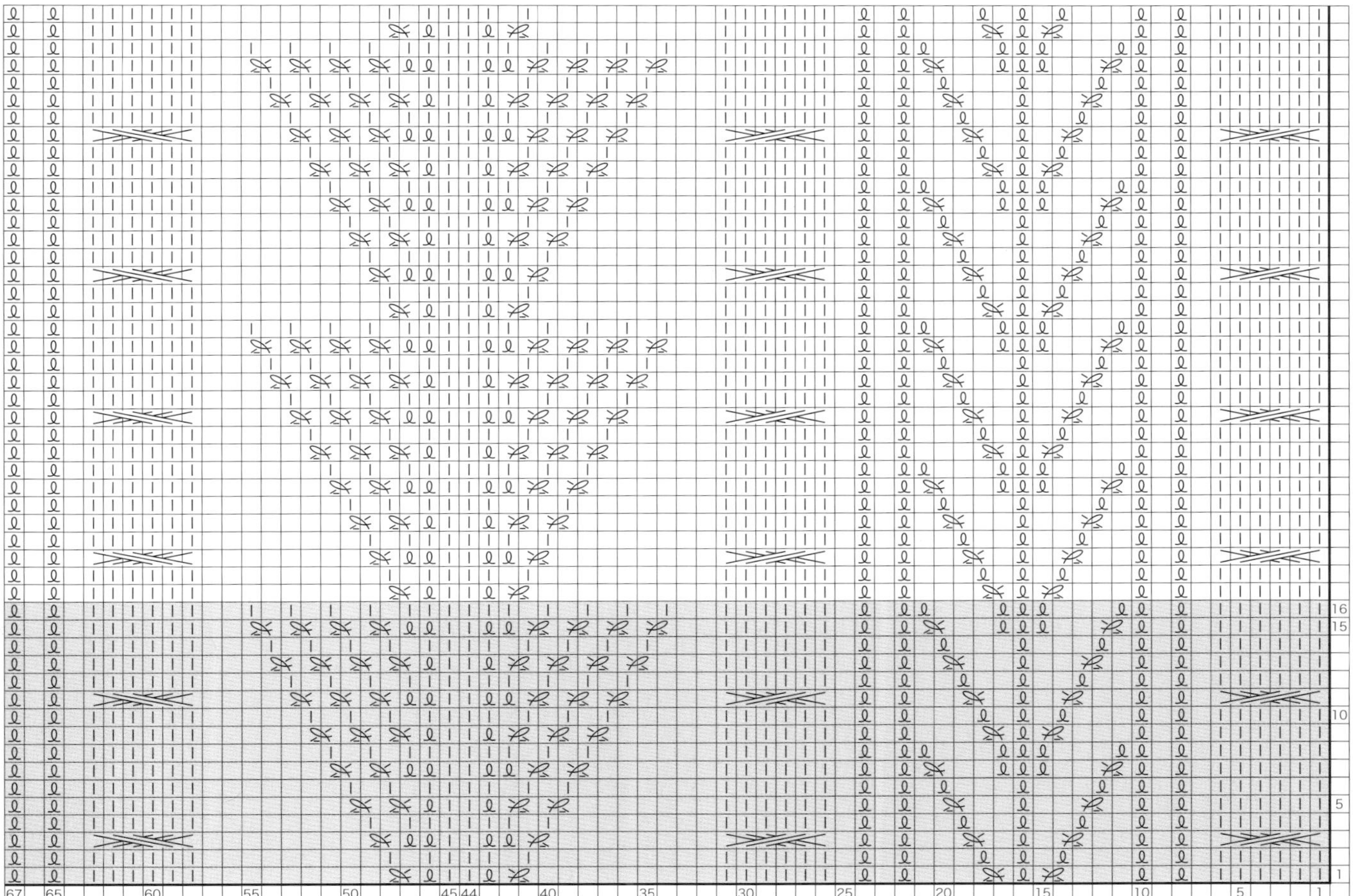

□ = ─ 안뜨기
중심(좌우대칭 배치)

중심의 무늬는 생명의 나무를 변형한 것. 날카롭고 존재감 있는 느낌입니다

062

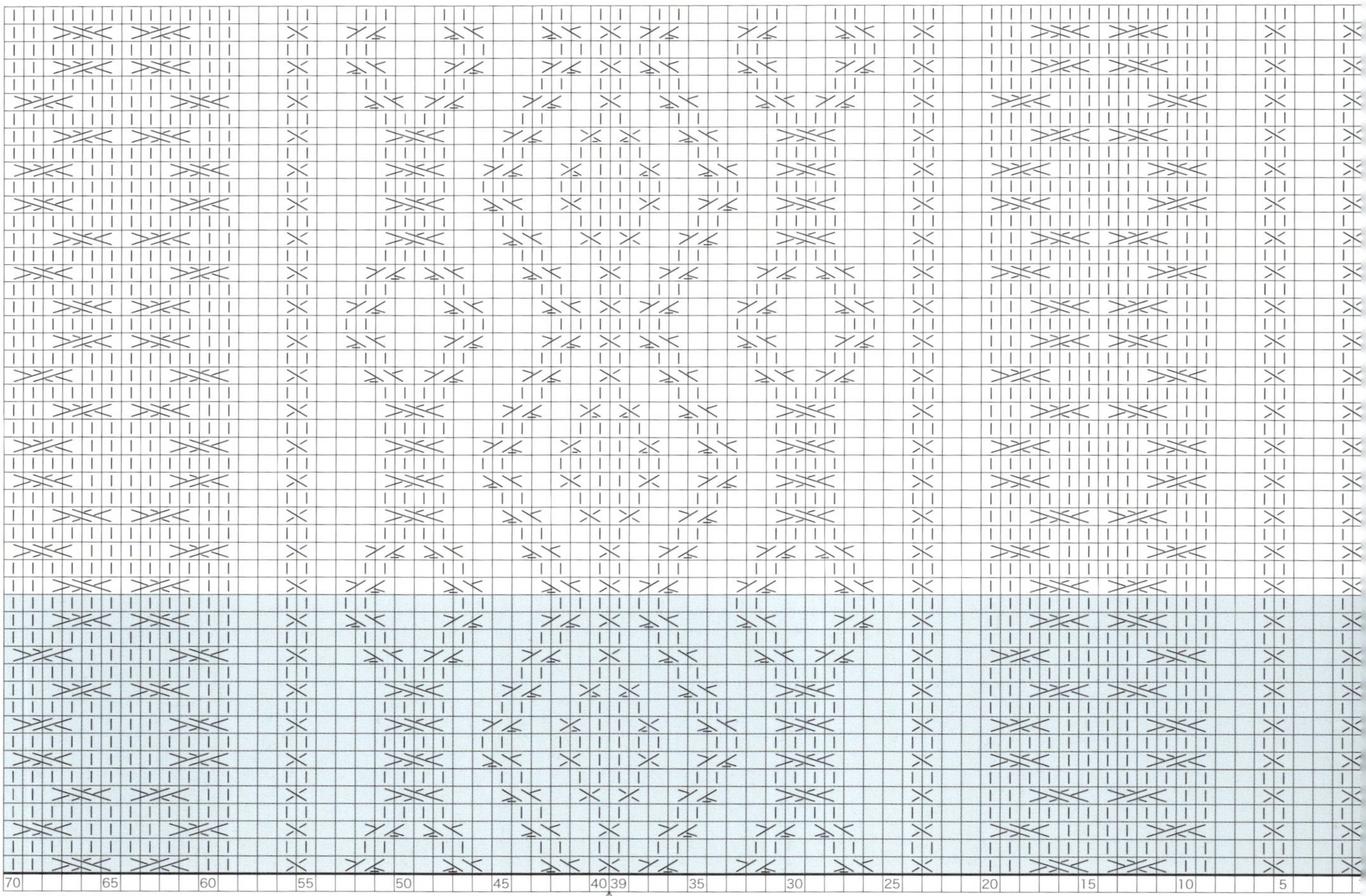

□ = □ 안뜨기
중심(좌우대칭 배치)

🐑 교차하는 리듬이 좋고 무늬도 금방 나오므로 즐기면서 뜰 수 있습니다

063

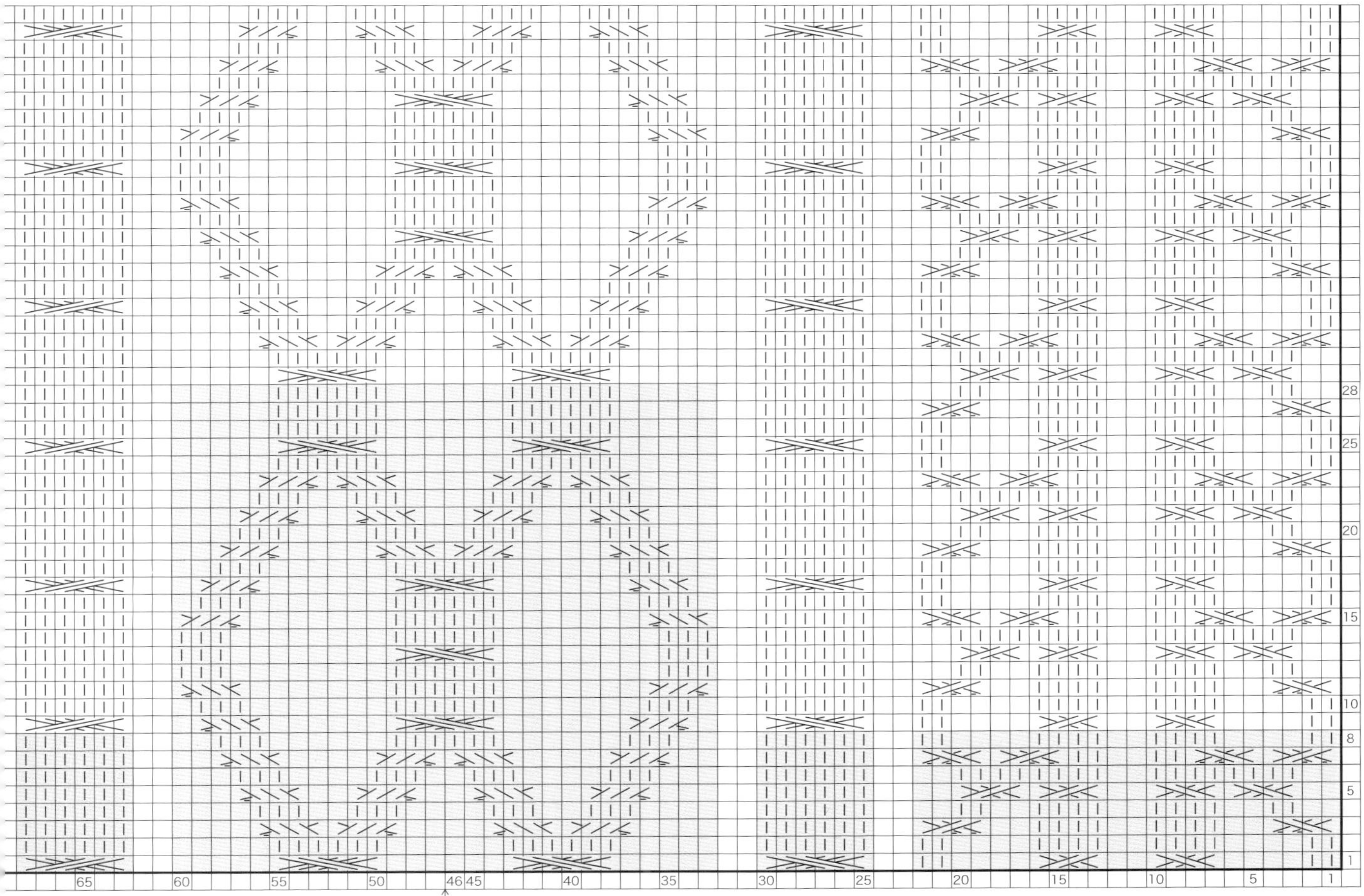

= □ 안뜨기　　중심(좌우대칭 배치)

오른코 위 교차뜨기인지 왼코 위 교차뜨기인지, 교차뜨기의 아래쪽 코는 겉뜨기인지 안뜨기인지 확인하면서!

방울무늬 bobble patterns

나무 열매, 씨앗, 밧줄 매듭 등 동글동글 귀여운 뜨개코가 무늬의 악센트가 되어줍니다.

064

코바늘로 뜨는 긴뜨기 구슬뜨기가 자그마해서 귀엽습니다

065

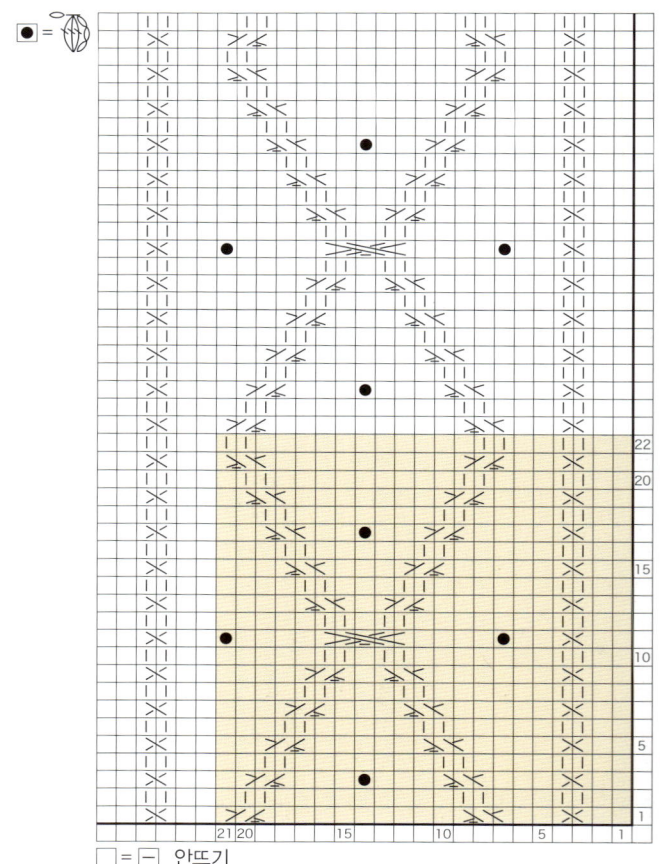

살짝 만져보고 싶어지는 볼륨 만점의 방울

bobble patterns

066

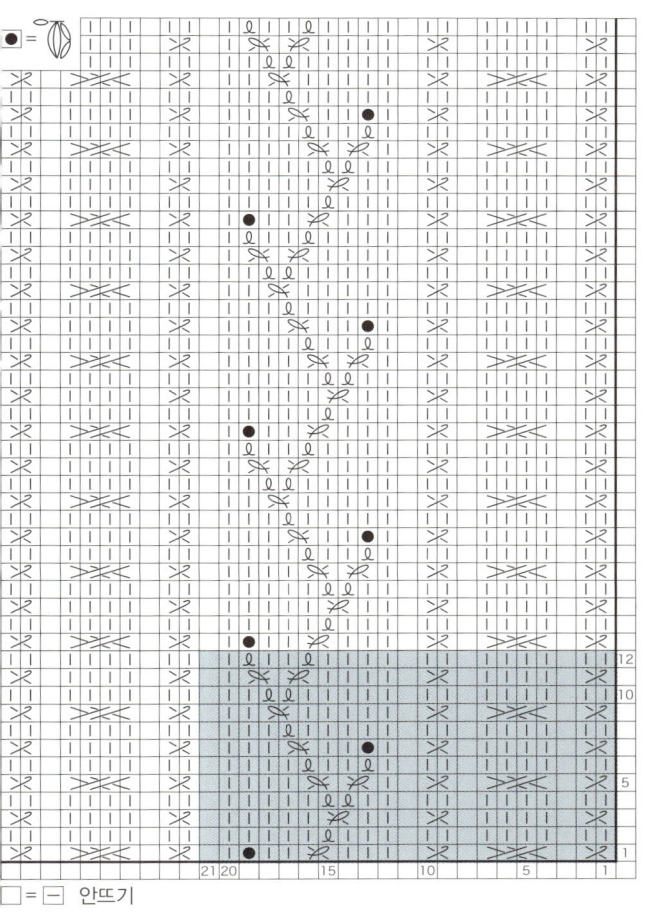

□ = − 안뜨기

겉뜨기 안에 방울무늬를 배치하면 귀여운 느낌이 절제되어 예리한 인상으로

067

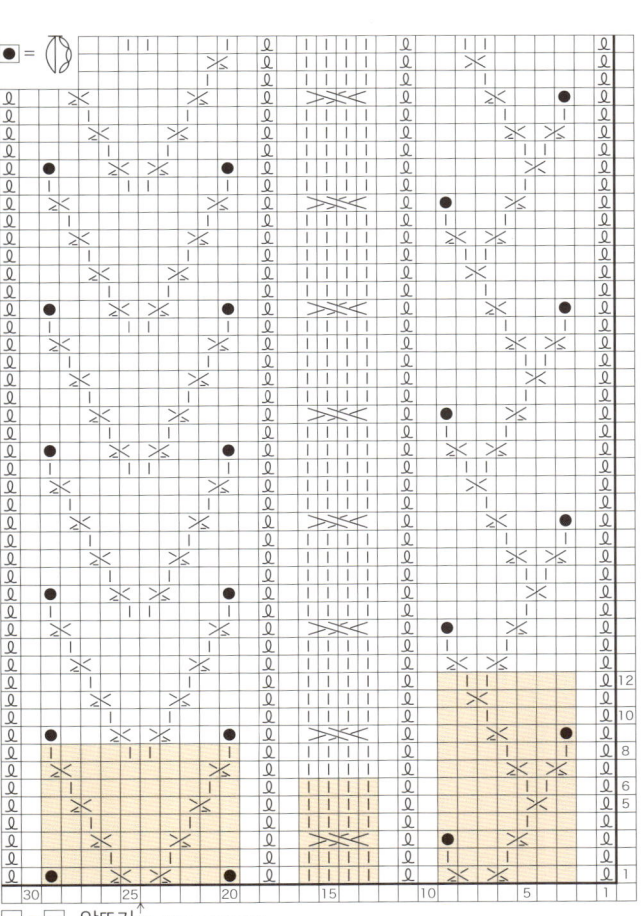

□ = − 안뜨기 중심(좌우대칭 배치)

가지 끝에 달린 나무 열매 무늬는 다양하게 변형 가능

068

🐑 큼직한 방울이 강한 인상을 줍니다. 꽃봉오리나 뱀밥이 연상됩니다

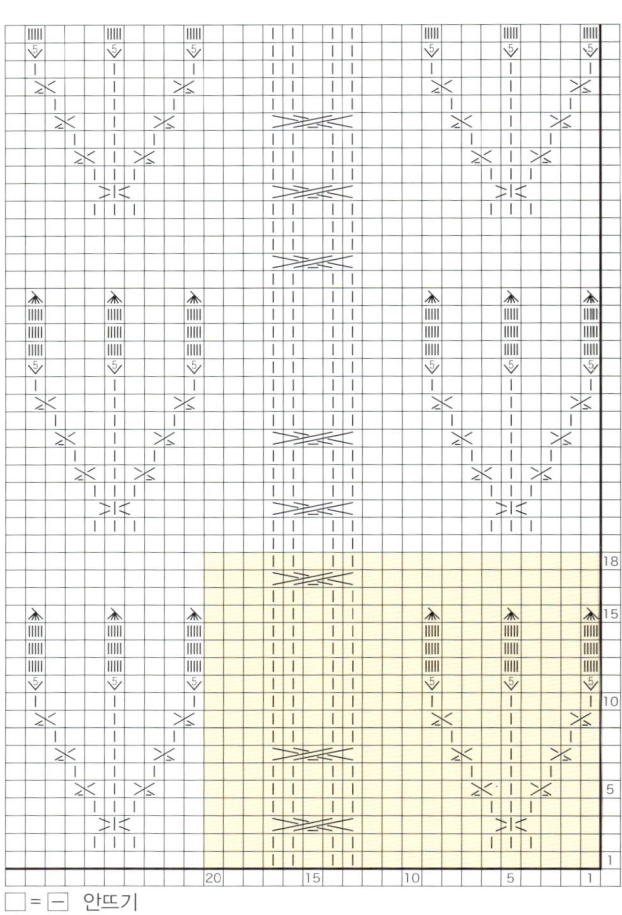

□ = ― 안뜨기

069

🐑 완만한 곡선 지그재그와 방울로 덩굴에 열매가 달린 듯한 이미지를 연출

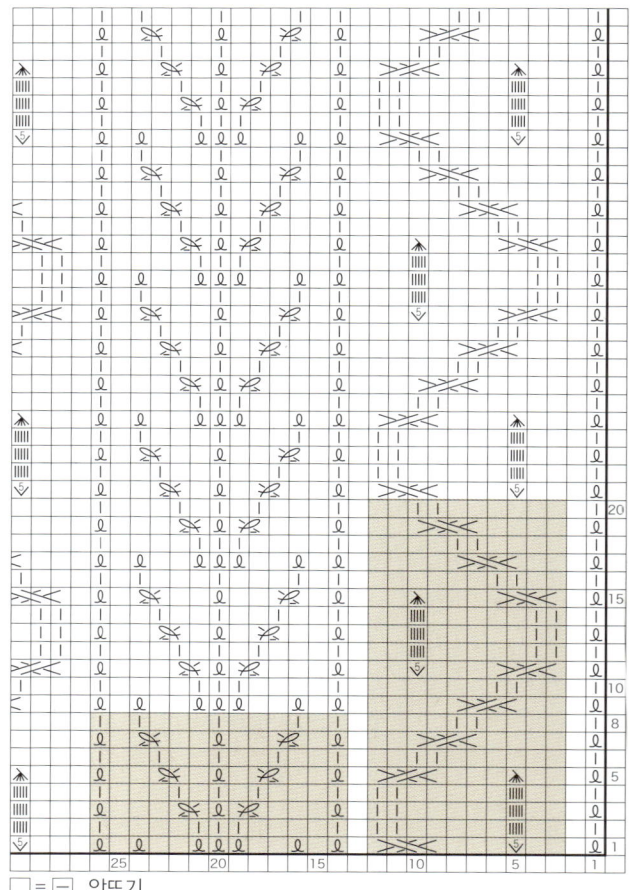

□ = ― 안뜨기

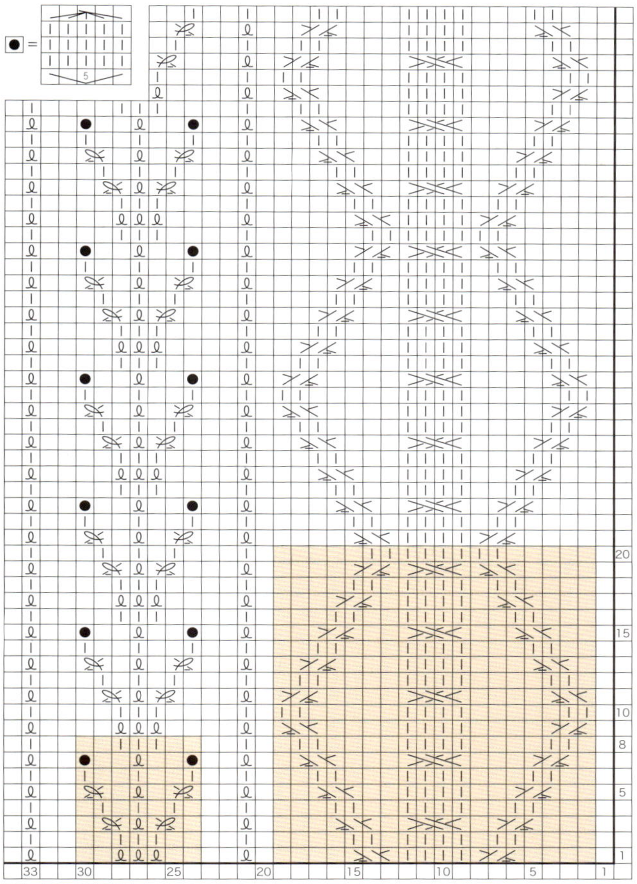

bobble patterns

070

큰직한 방울이 인상적

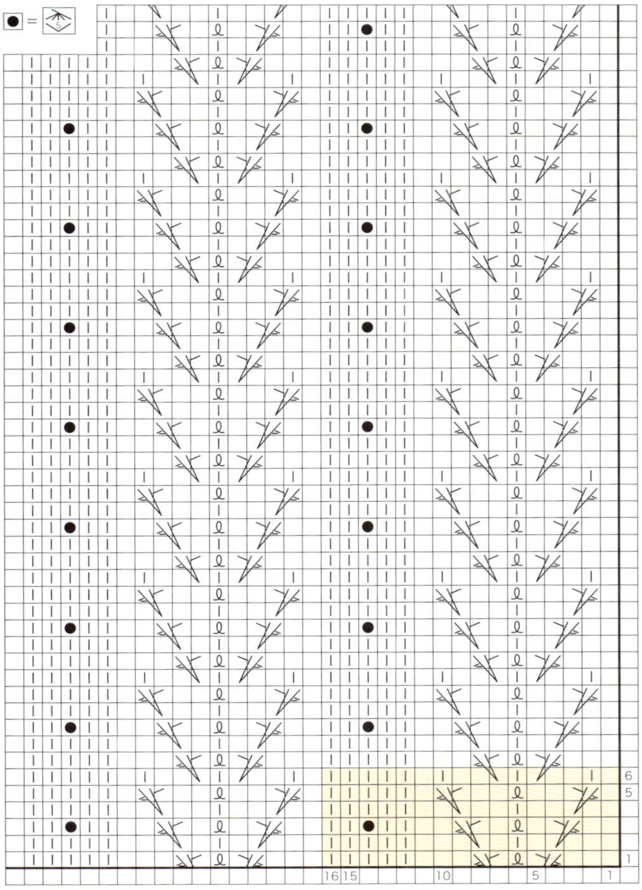

□ = — 안뜨기

071

이 방울무늬는 코바늘로 떠야 제격

□ = — 안뜨기

072

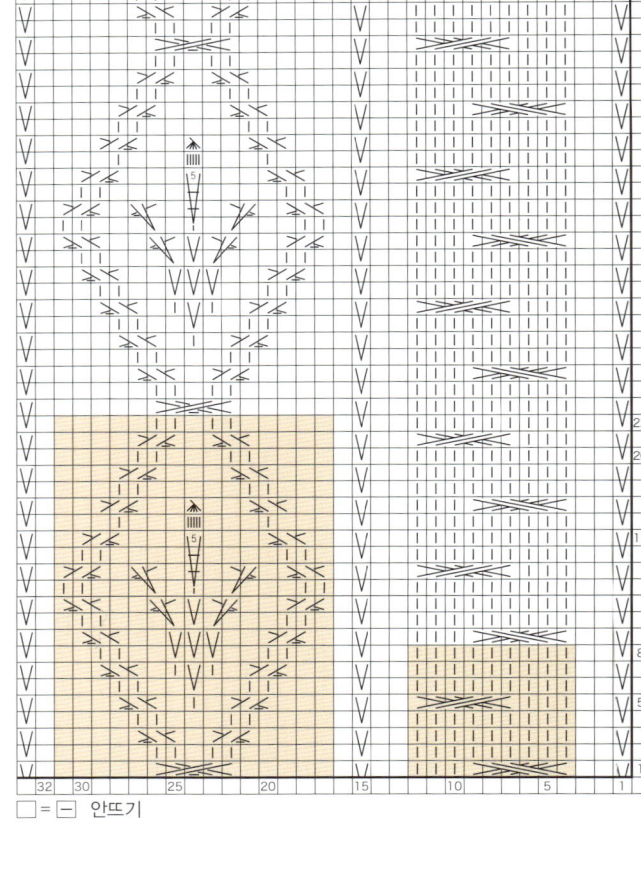

🐑 다이아몬드무늬 안에 꽃무늬를 장식

073

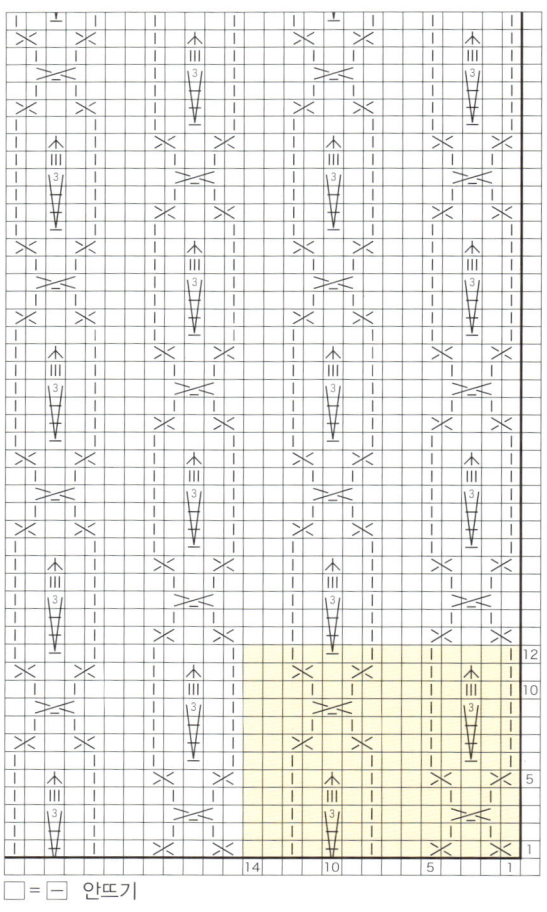

🐑 기호도는 조금 복잡하지만 계속 뜨다 보면 즐거워지는 무늬

bobble patterns

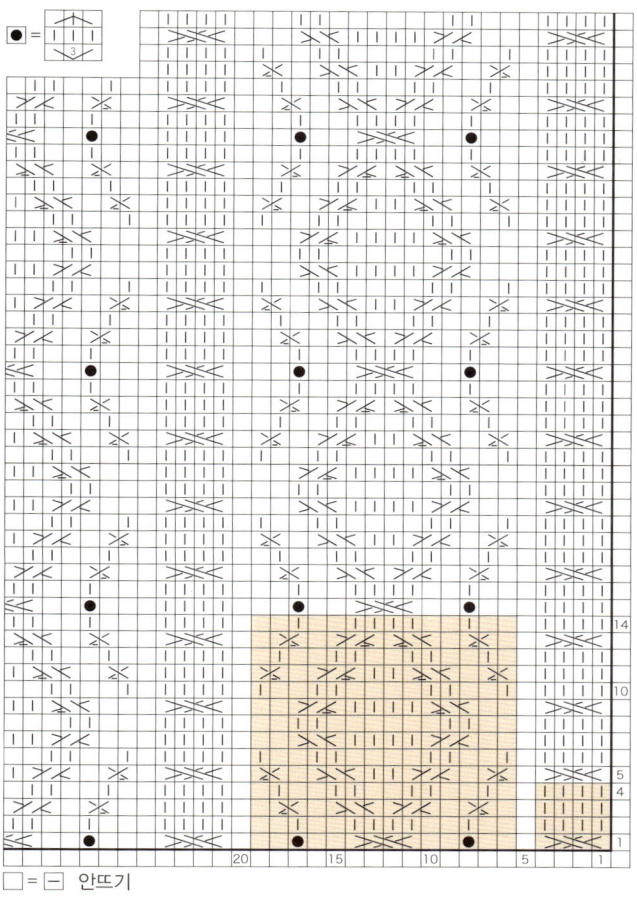

□ = ─ 안뜨기

074

3코 3단 구슬뜨기가 악센트. 이 무늬는 오래 떠도 질리지 않습니다

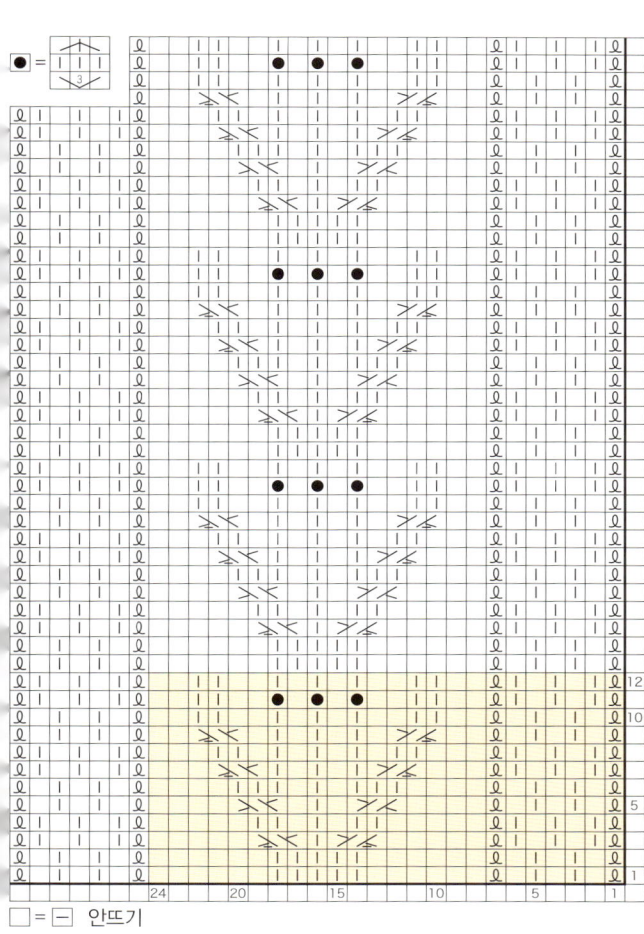

□ = ─ 안뜨기

075

남성과 여성 모두에게 잘 어울리는 기품이 느껴지는 무늬

076

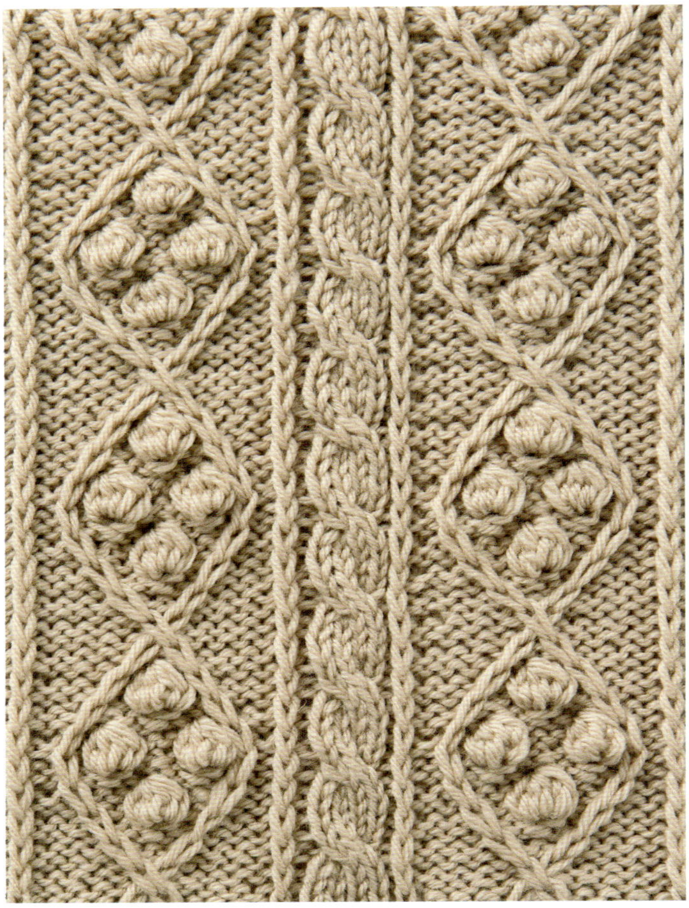

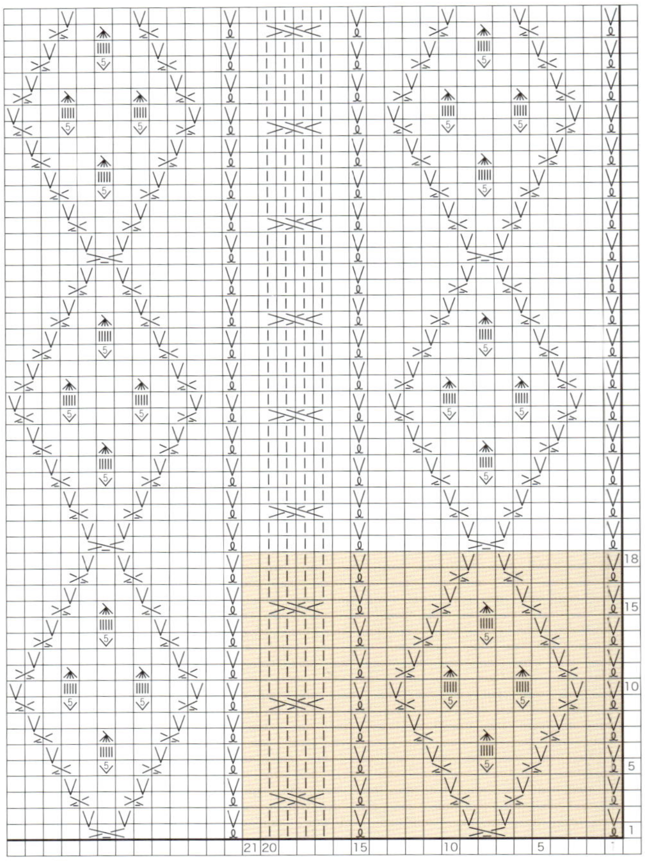

□ = ⊟ 안뜨기

다이아몬드와 걸러뜨기 선이 효과적입니다. 안단에서 하는 작업을 잊지 마세요

077

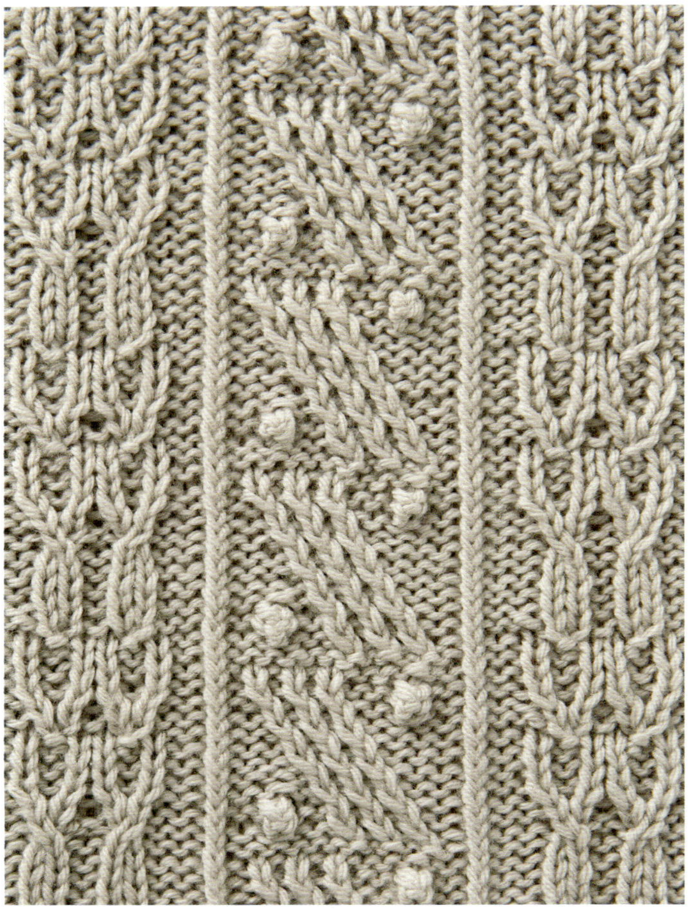

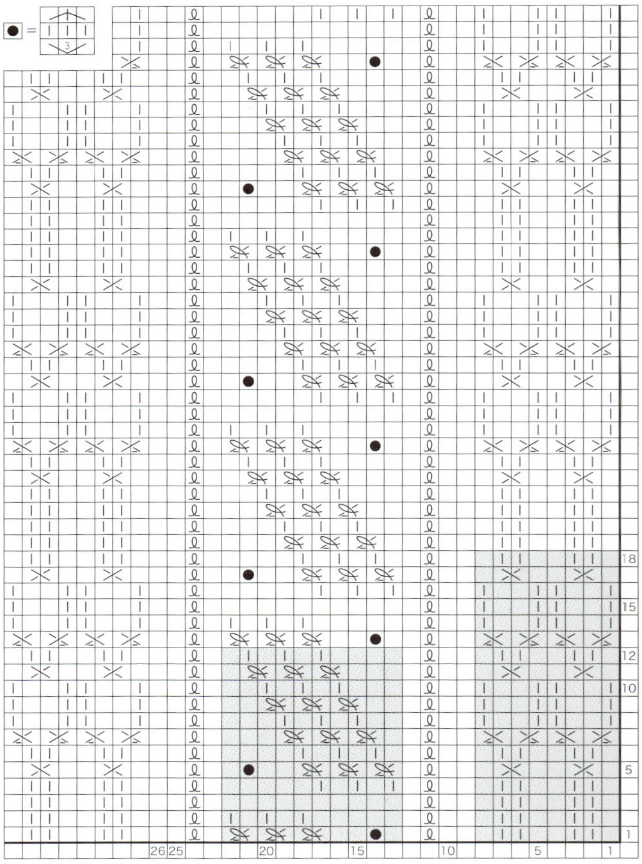

□ = ⊟ 안뜨기

중앙의 돌려뜨기 교차무늬와 옆쪽의 교차무늬는 1무늬의 단수가 다르므로 주의!

078

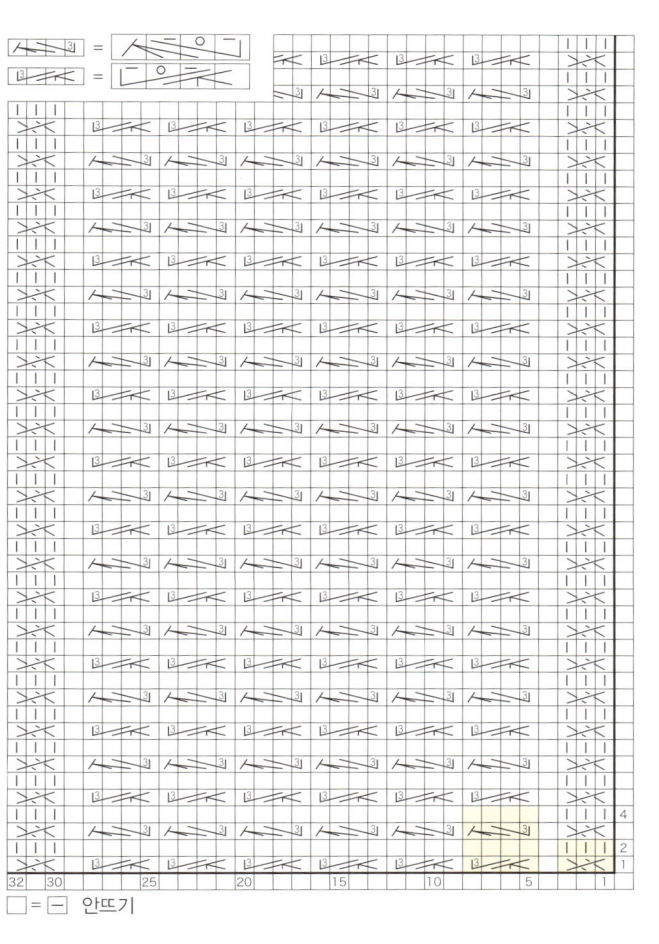

안단을 느슨한 느낌으로 뜨면 겉단을 뜨기 편해집니다. 별사탕 같은 올록볼록한 무늬가 귀엽습니다

079

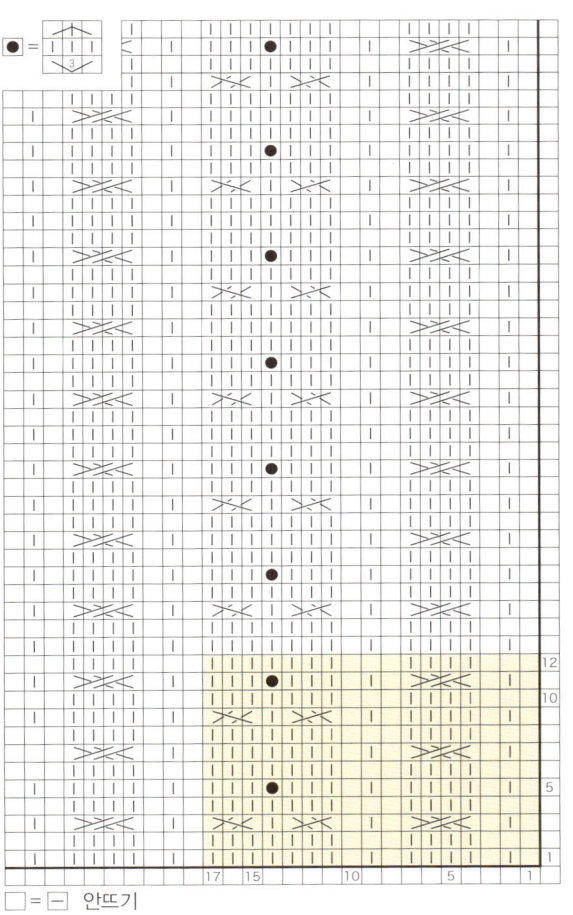

어떤 무늬와도 조합하기 쉬운 무늬

080

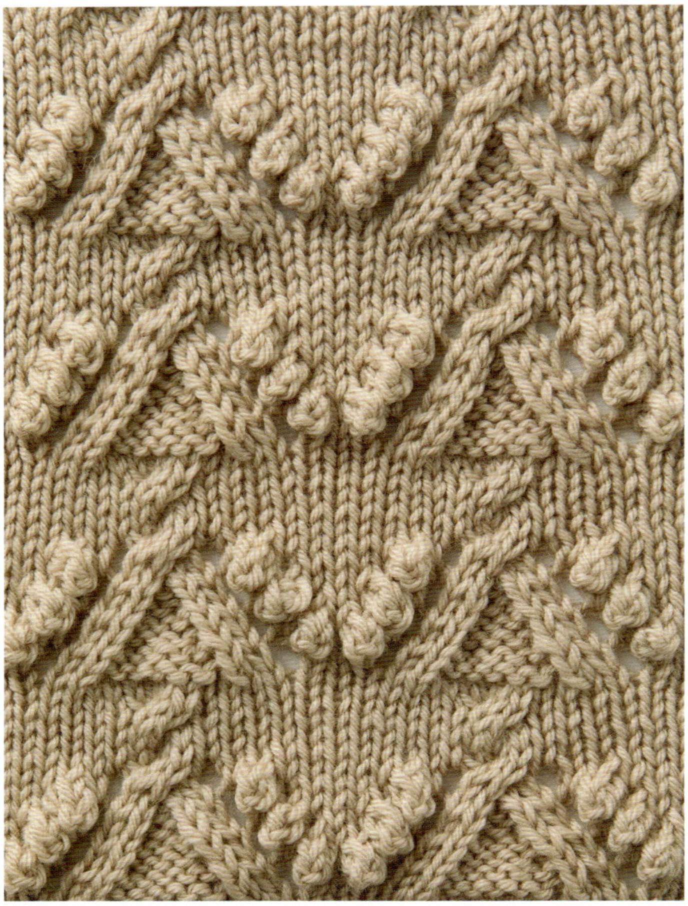

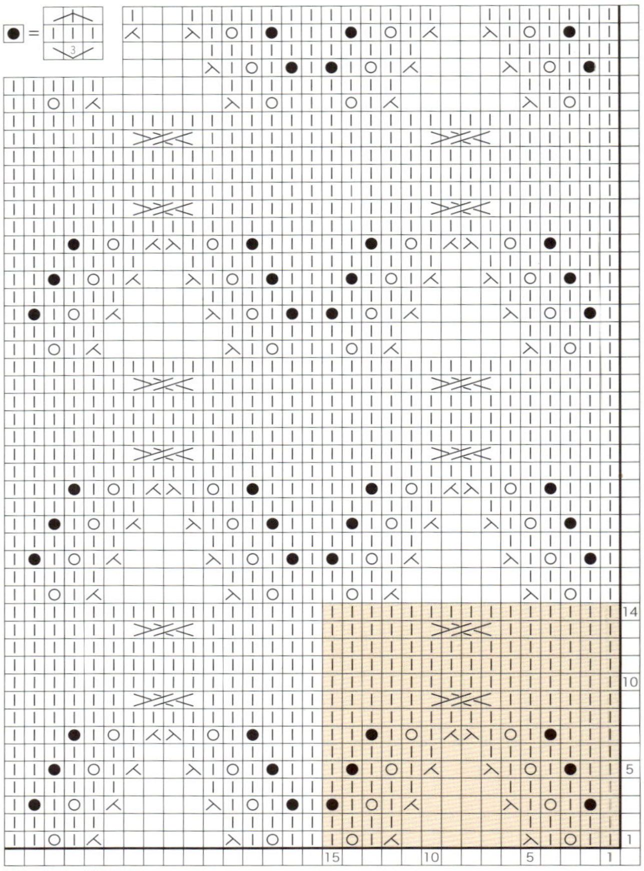

□ = ⊟ 안뜨기

3코 3단 구슬뜨기가 포인트. 옷의 밑단이나 앞 여밈단, 목둘레 등에 부분적으로 이용하는 방법도 추천

081

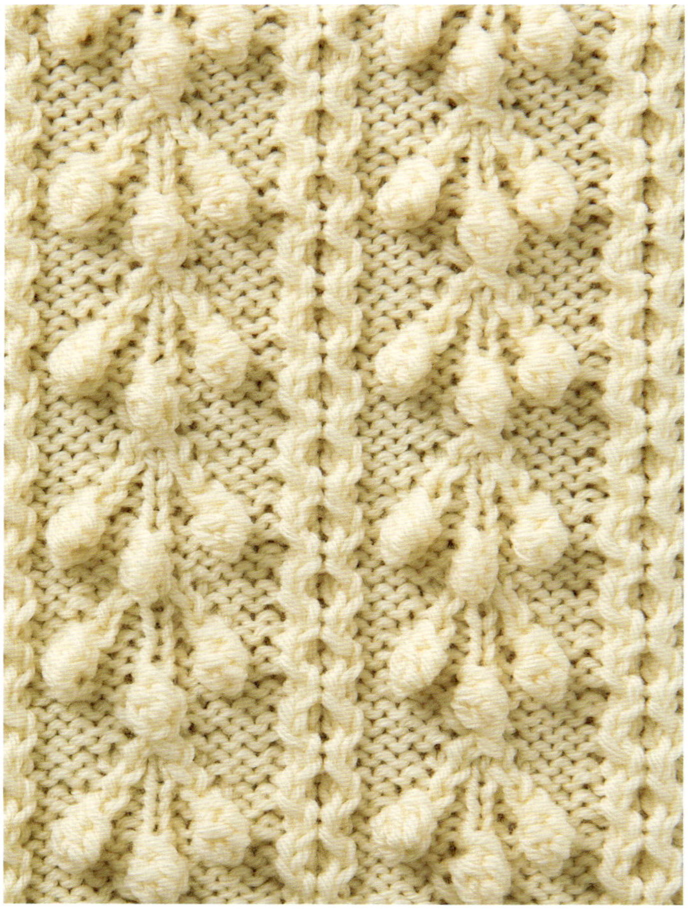

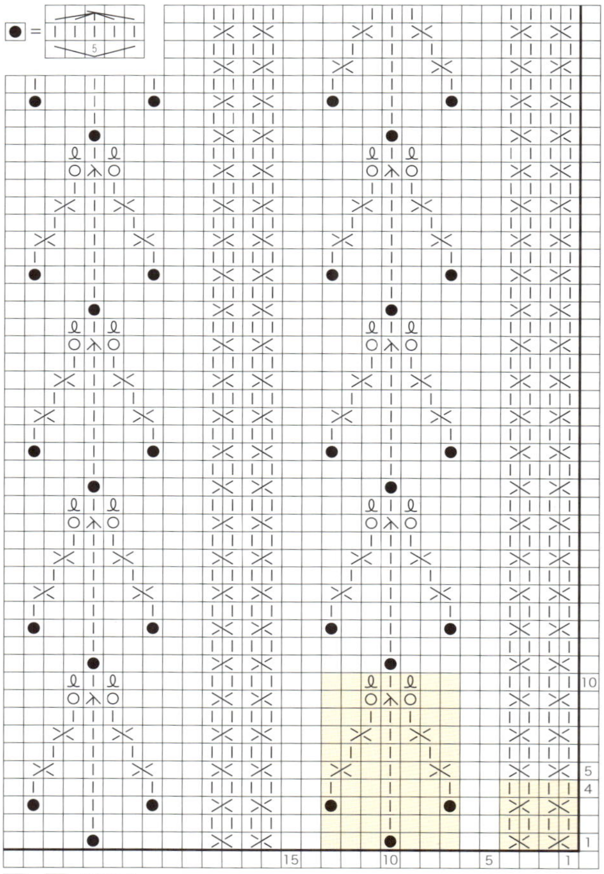

□ = ⊟ 안뜨기

깜찍한 체리무늬. 여자아이 카디건에 잘 어울립니다

bobble patterns

082

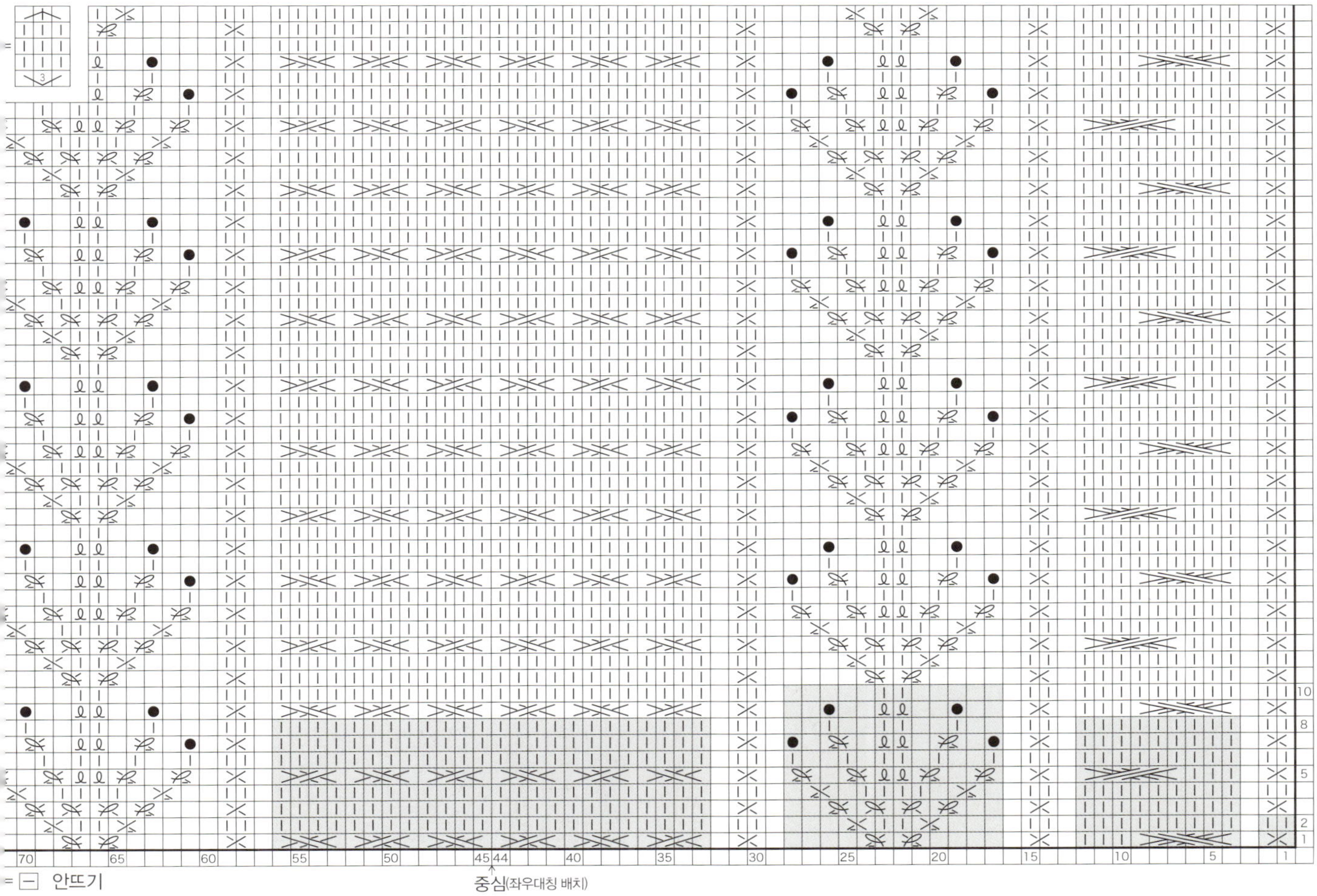

= □ 안뜨기　　　　　　중심(좌우대칭 배치)

단마다 작업해야 하는 무늬라서 긴장을 풀 수 없지만, 벌집과 방울을 단 나무무늬가 귀엽습니다

083

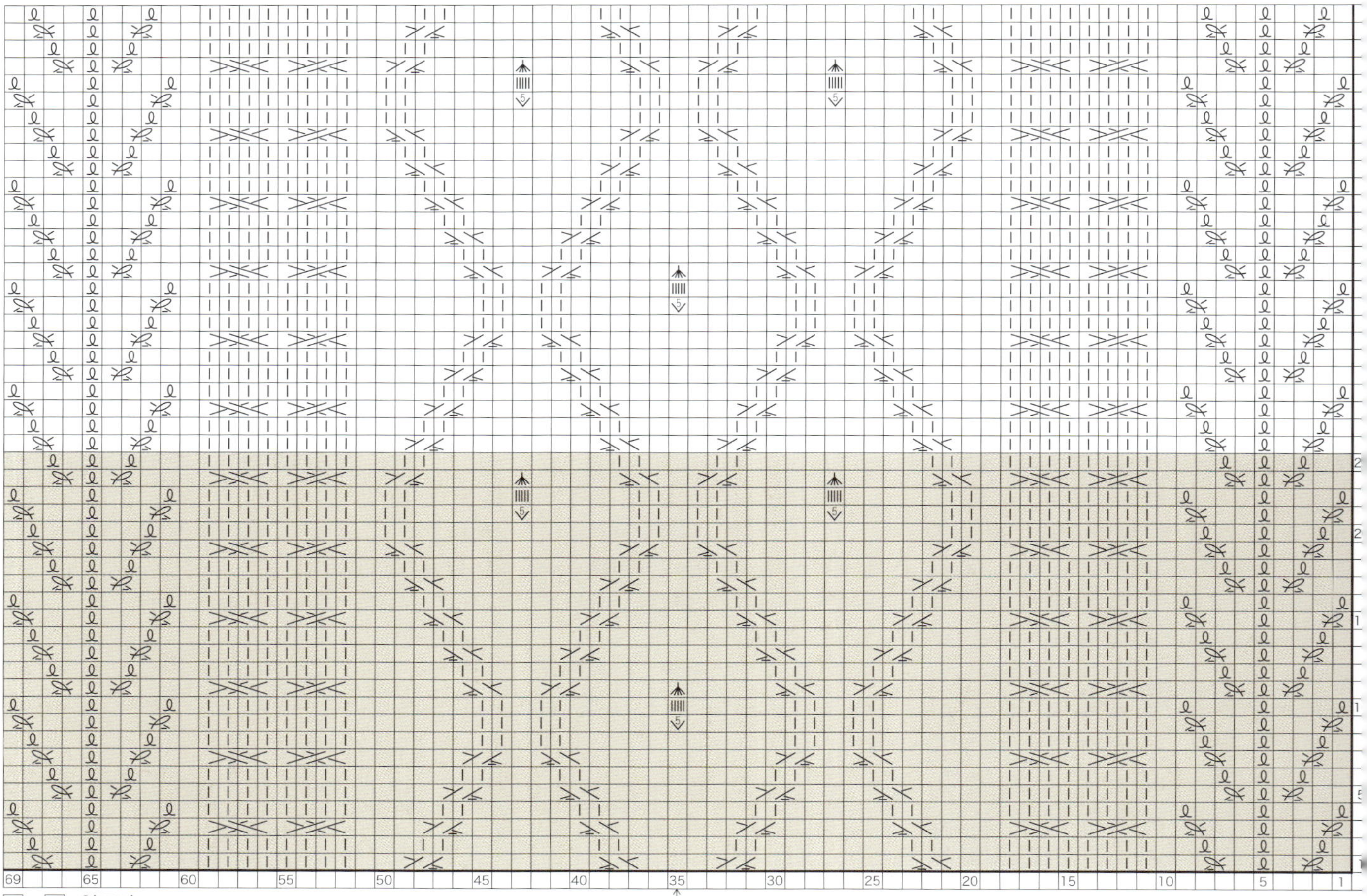

 좌우대칭 무늬. 굵은 실로 쓱쓱 떠도 멋집니다

□ = ﹣ 안뜨기

중심(좌우대칭 배치)

bobble patterns

084

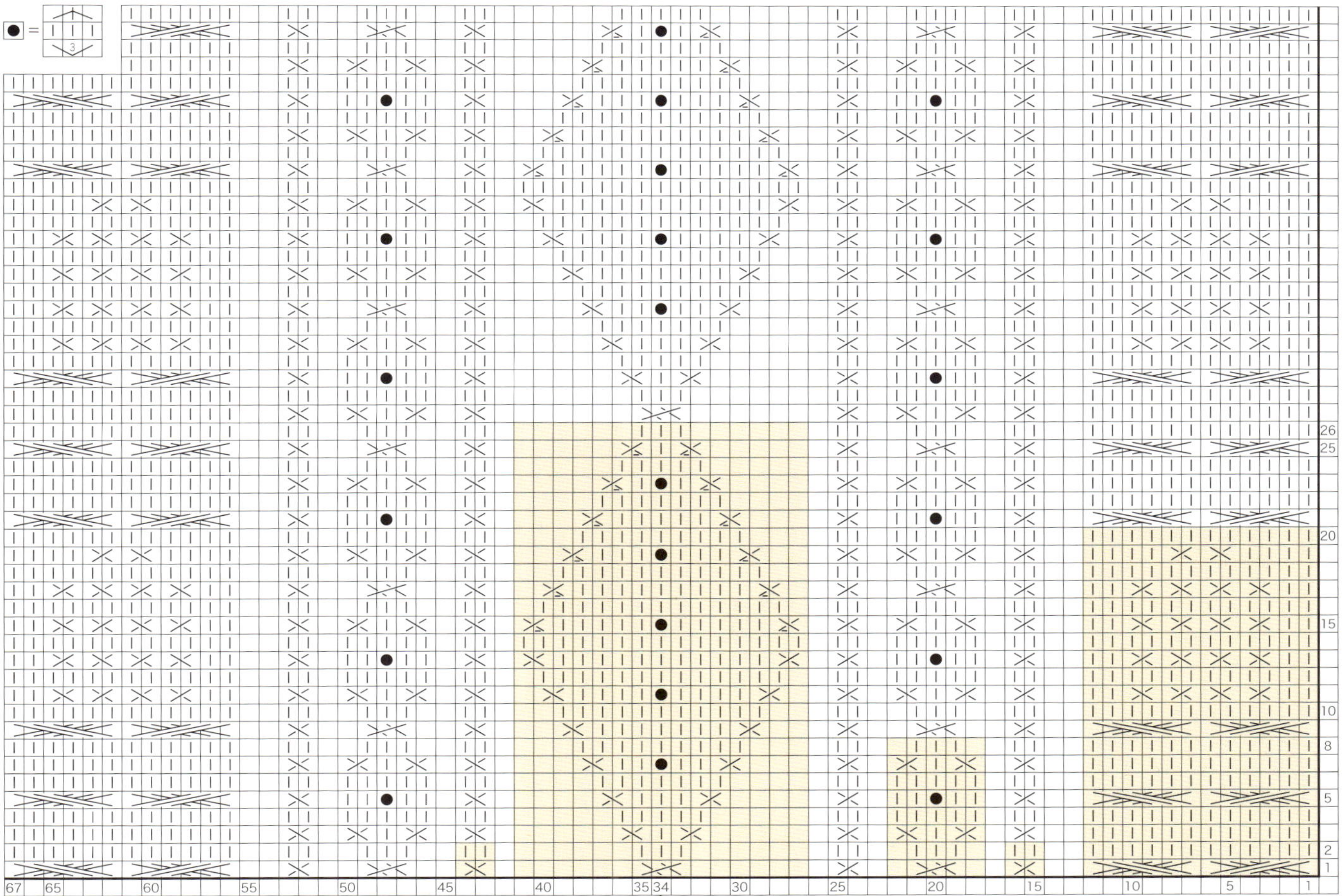

중심(좌우대칭 배치)

□ = − 안뜨기

1코 교차뜨기의 아래쪽 코가 겉뜨기인지 안뜨기인지 주의!

69

085

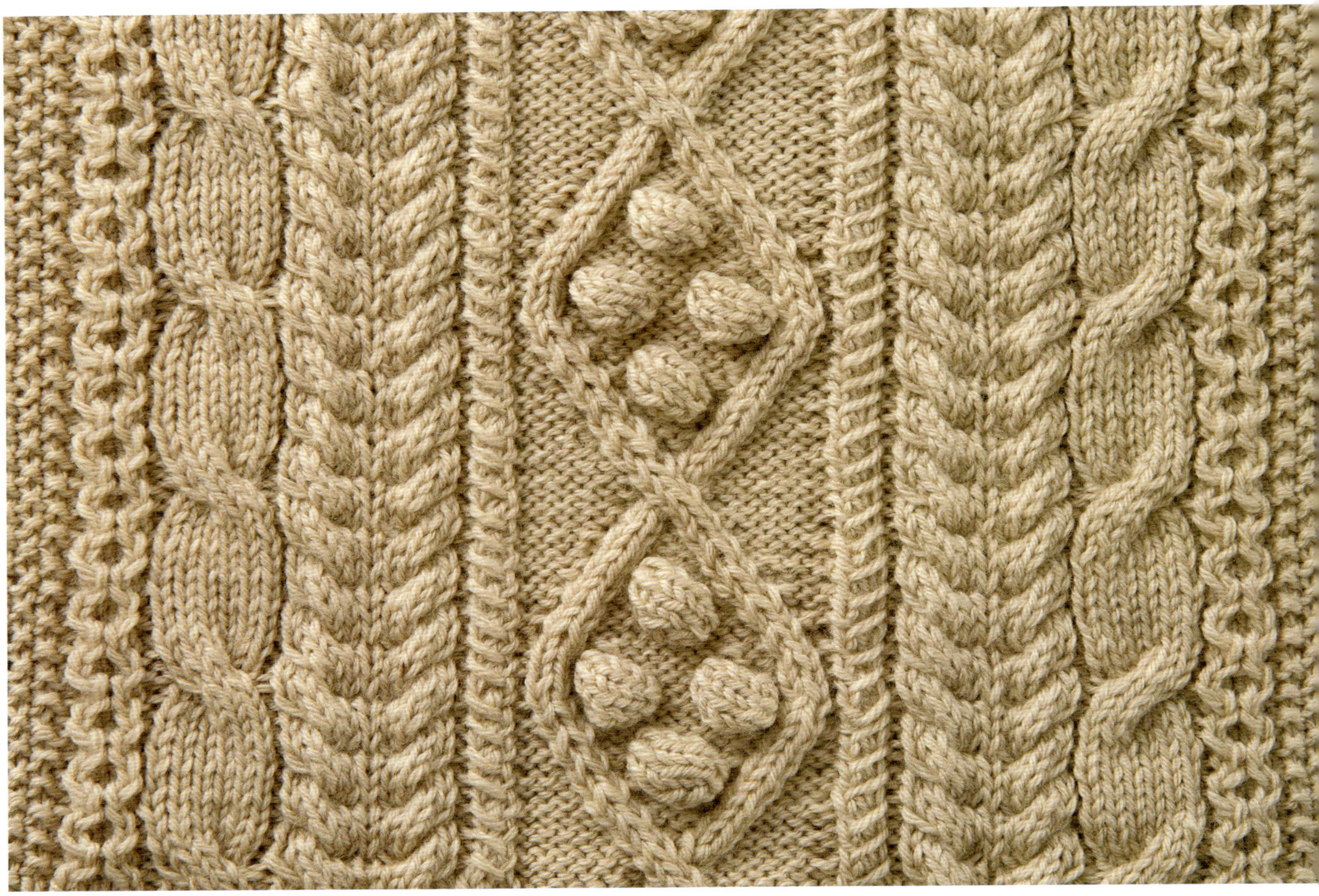

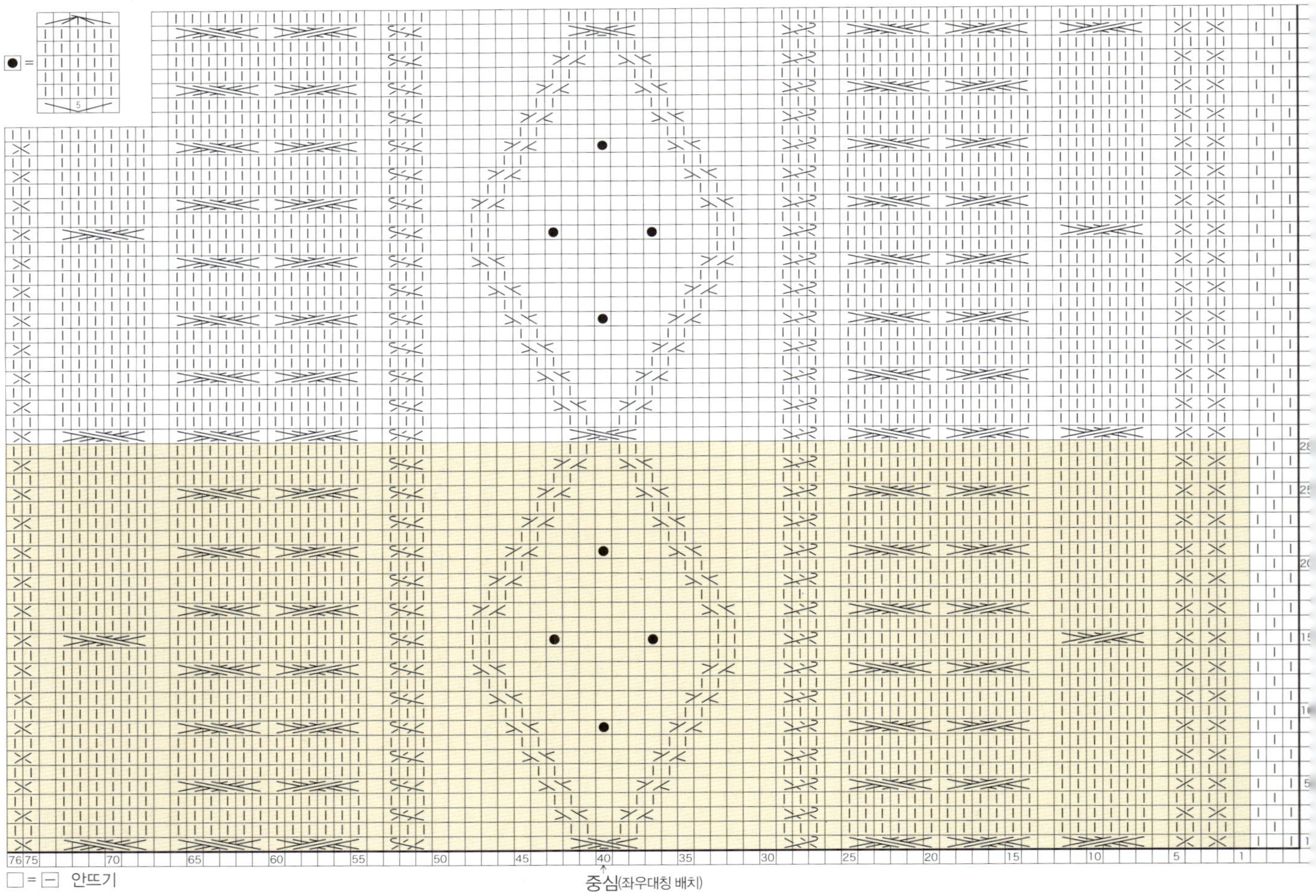

□=⊟ 안뜨기

중심(좌우대칭 배치)

코를 꿴 교차무늬는 끼운 코가 고르지 않기 쉬우니 주의!

bobble patterns

086

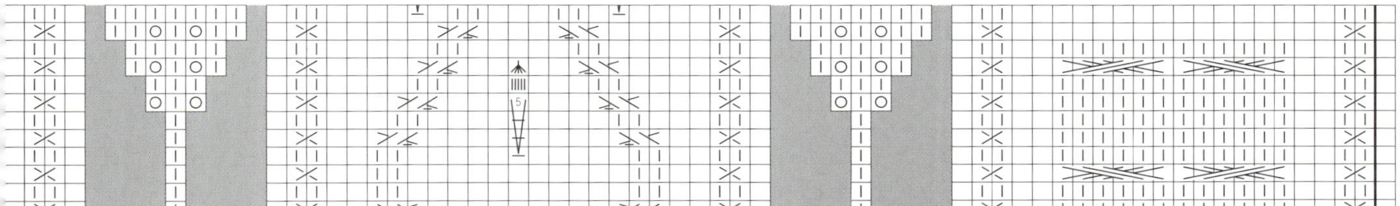

= ⊟ 안뜨기　코가 없는 부분

중심(좌우대칭 배치)

끌어올리 또는 방울은 조금 느슨하게 끌어내서 크기를 조정하는 게 포인트

087

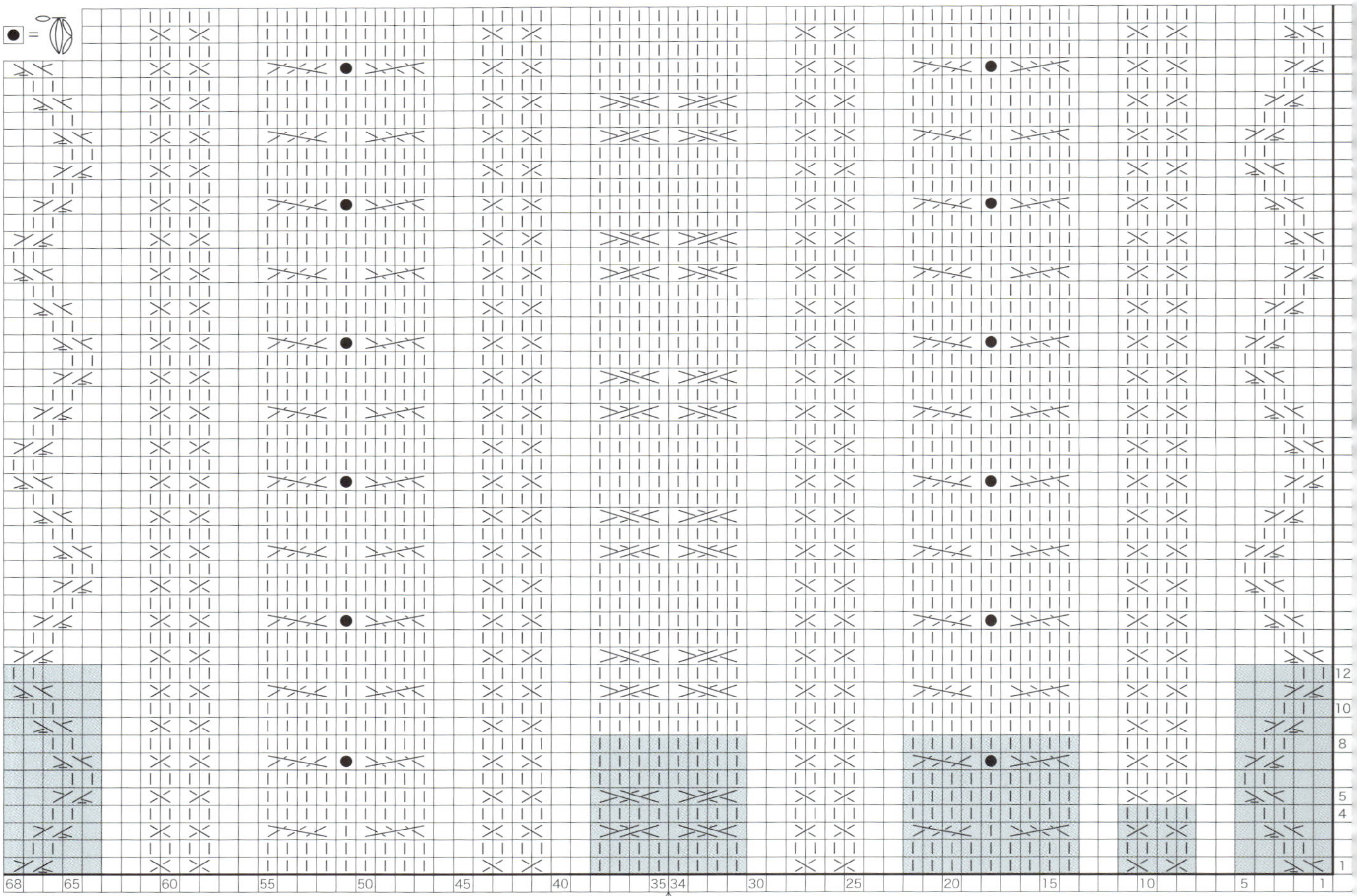

□ = 안뜨기

중심(좌우대칭 배치)

🐑 체인 케이블은 교차할 때 '오른쪽 위'인지 '왼쪽 위'인지 주의! 코바늘로 뜨는 방울이 전체 무늬와 조화롭습니다

bobble patterns

088

= ⊟ 안뜨기

중심(좌우대칭 배치)

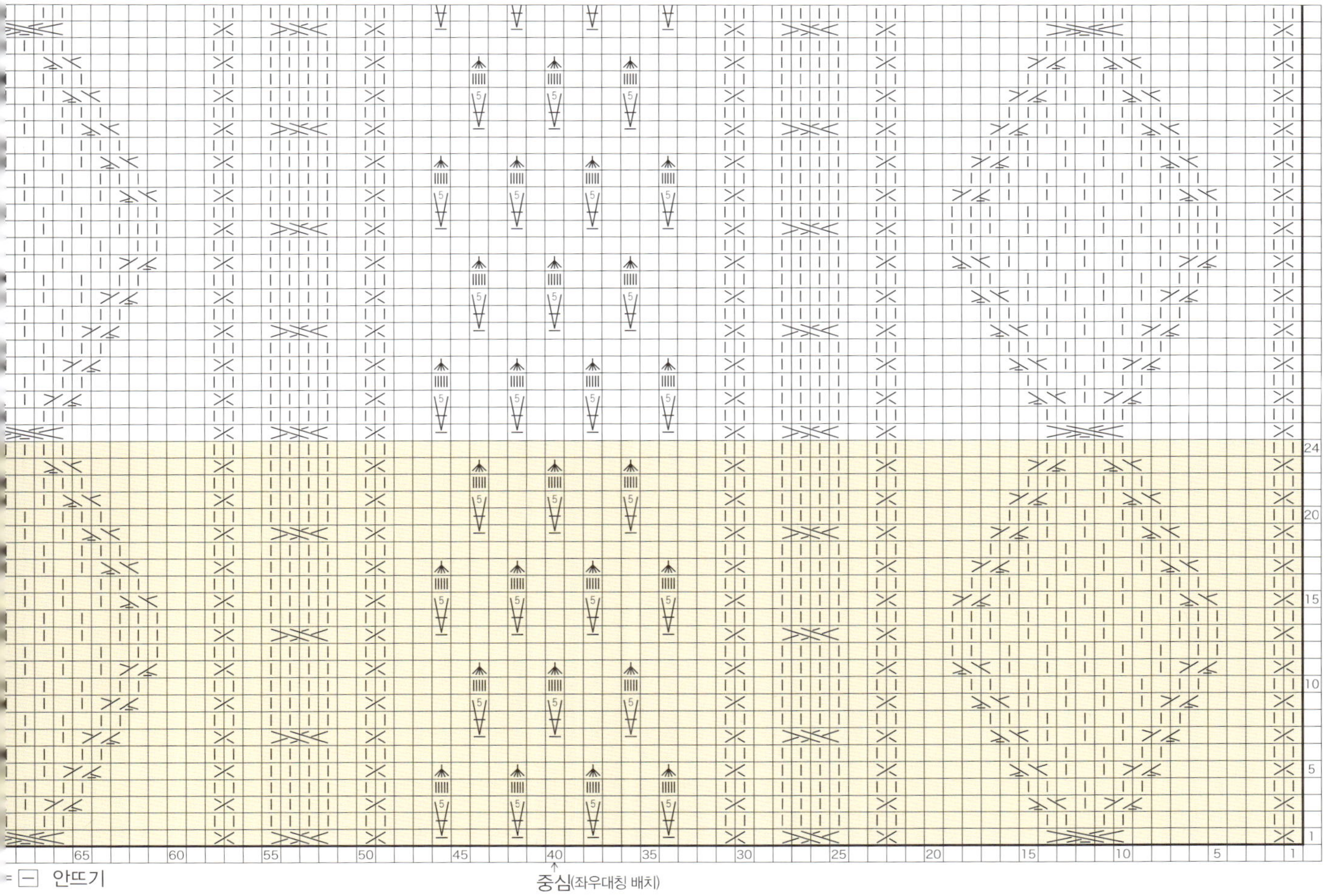

중앙의 끌어올려 뜨는 방울은 하나씩 모양을 매만지면서 뜹니다

089

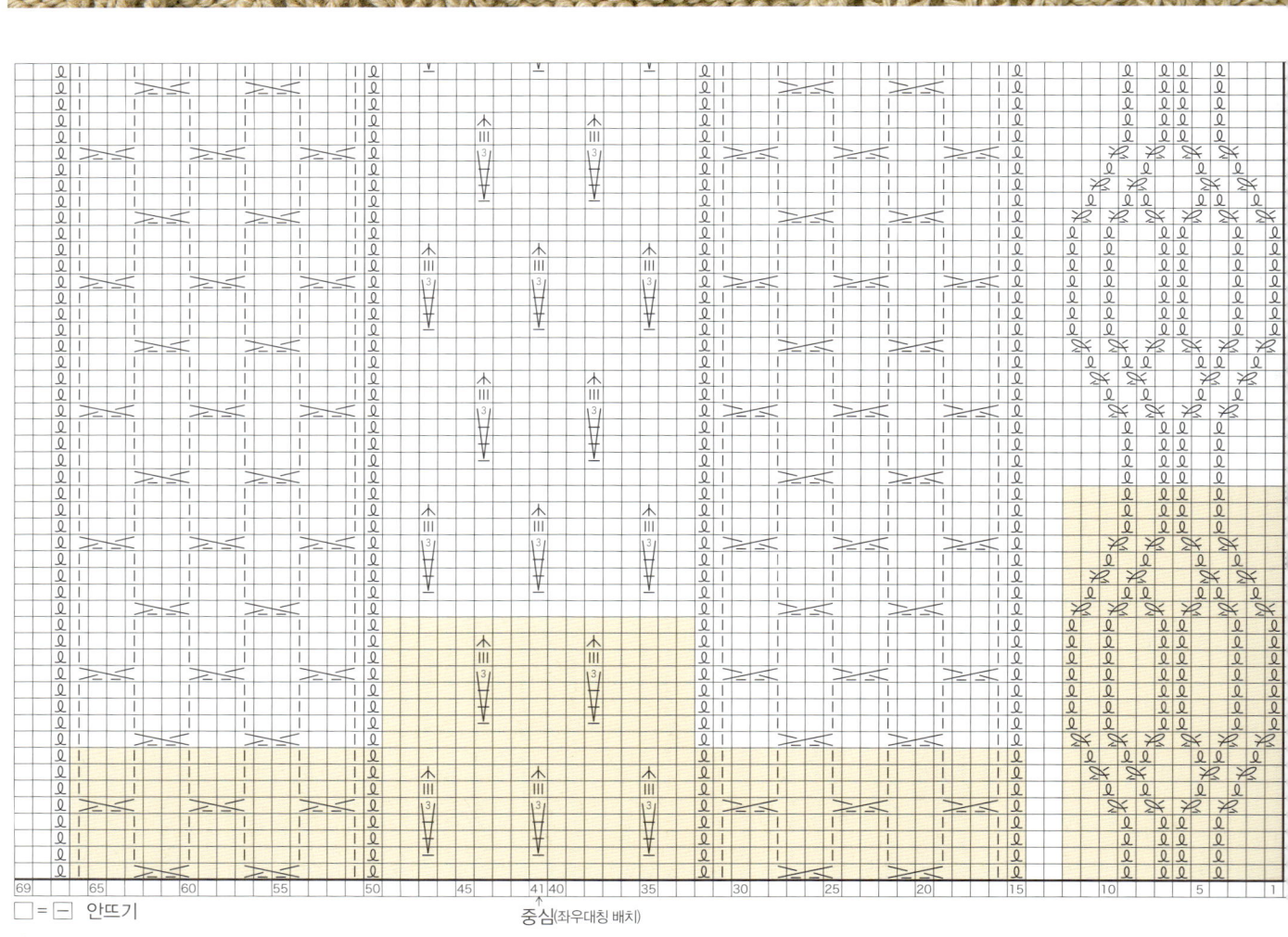

□ = ― 안뜨기

중심(좌우대칭 배치)

느낌이 다른 무늬의 조합이 재미있는 결과를 만듭니다

bobble patterns

090

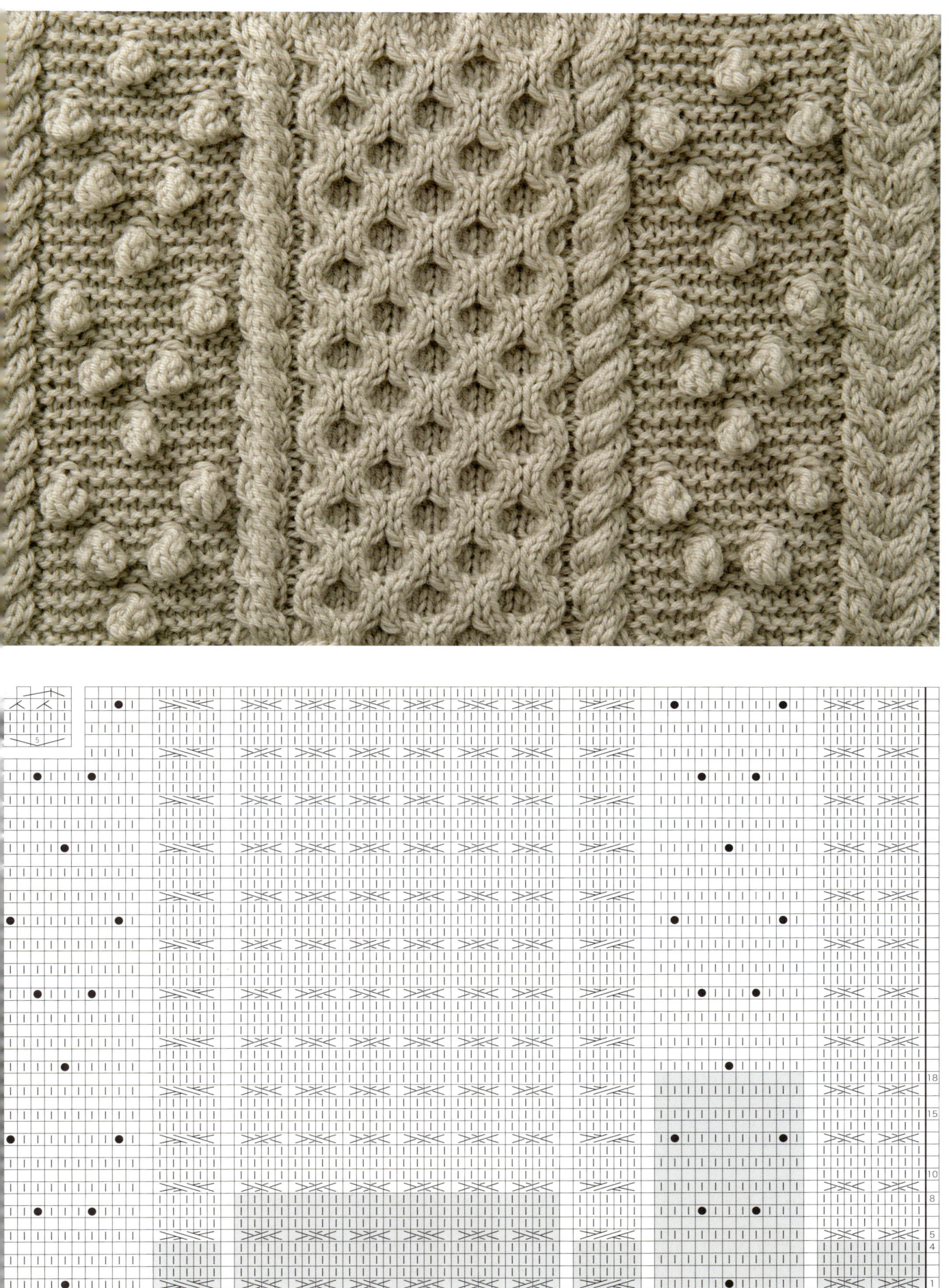

□ 안뜨기   중심(좌우대칭 배치)

리듬이 일정해서 아란무늬 초보자에게 추천. 스웨터 전체 무늬로 도전해보세요

75

091

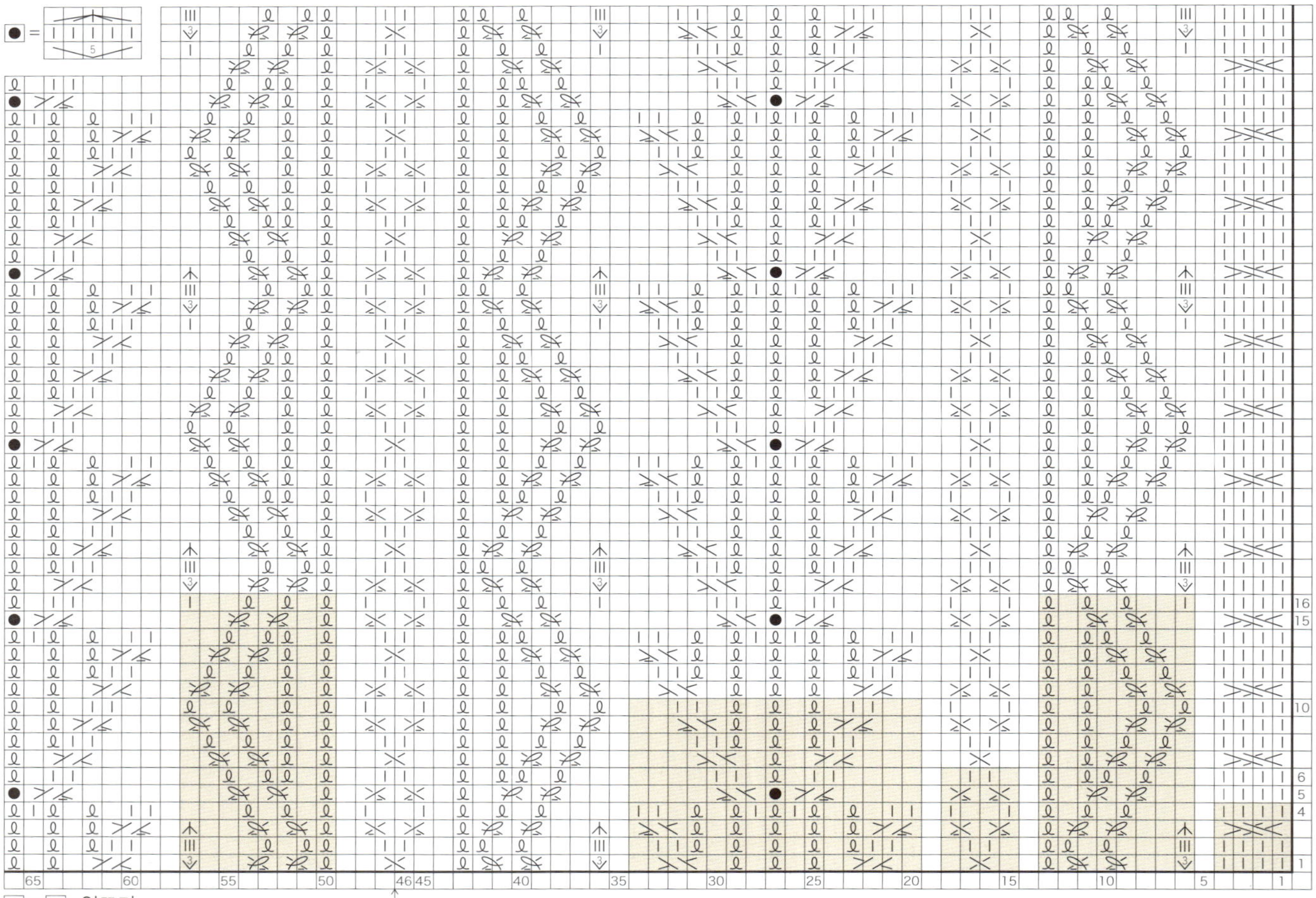

□ = □ 안뜨기

중심(좌우대칭 배치)

무늬마다 1무늬의 단수가 다르니 각 무늬의 반복에 주의!

lace mix

비침무늬와 조합하기

교차무늬의 입체감과 비침무늬의 투명함의 대비가 신선합니다.
여름용 실로 뜨는 여름 니트로도 추천합니다.

092

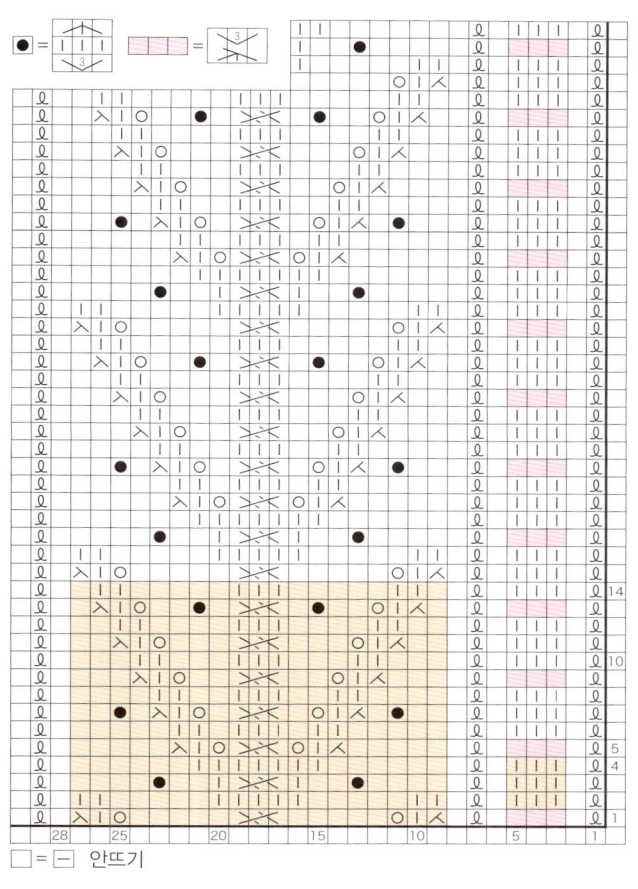

나무무늬 양옆은 페이크 케이블?!

093

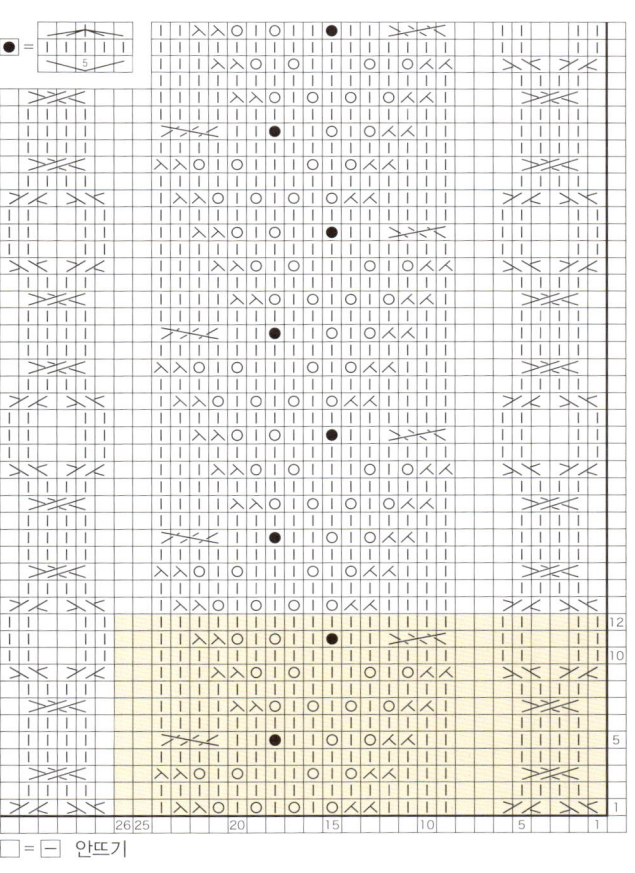

여성용 카디건 등 부드러운 느낌을 내고 싶을 때 OK

094

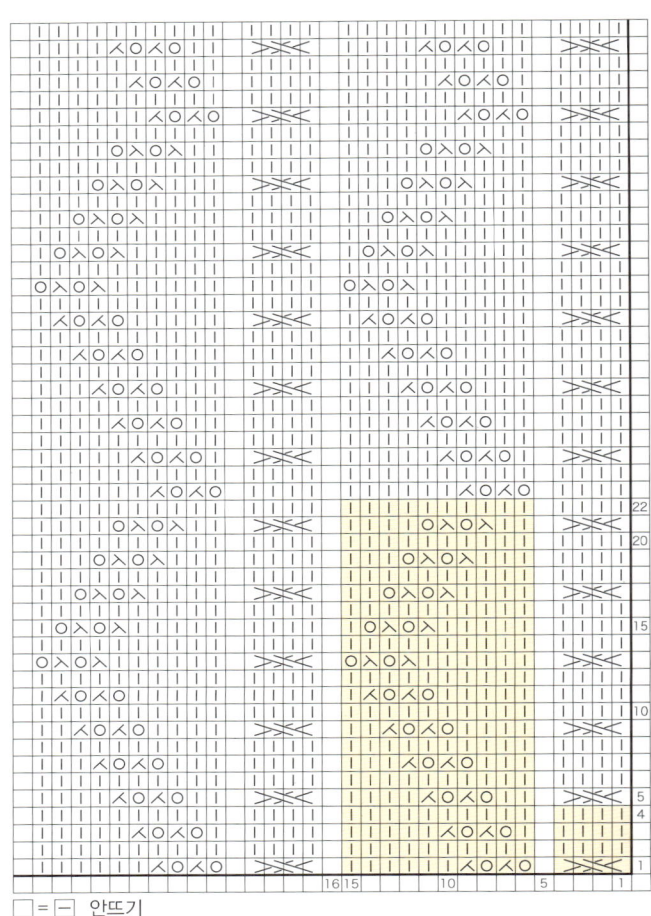

🐑 봄 카디건이나 숄에 적합한 무늬

095

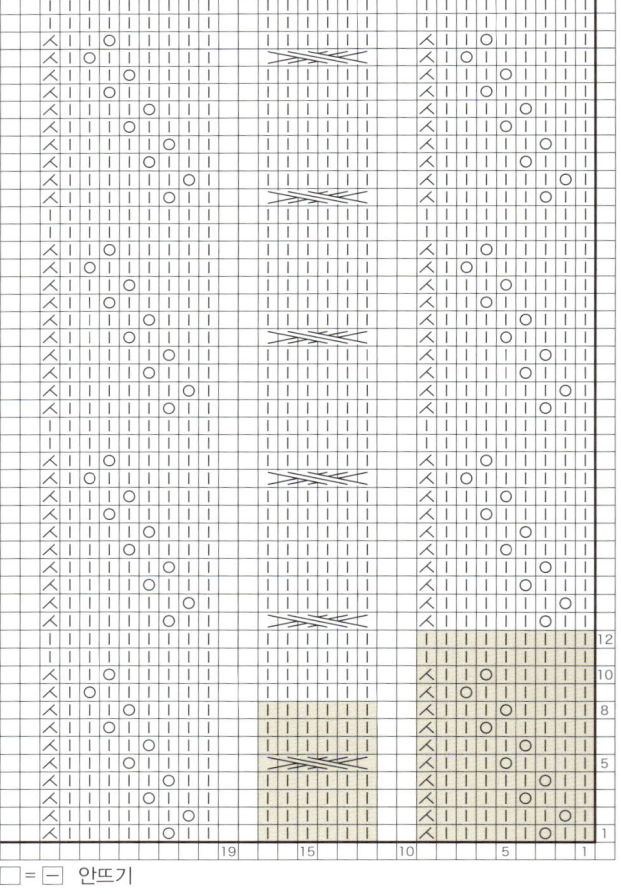

🐑 교차무늬＋비침무늬의 균형이 절묘합니다. 여름옷에도 추천

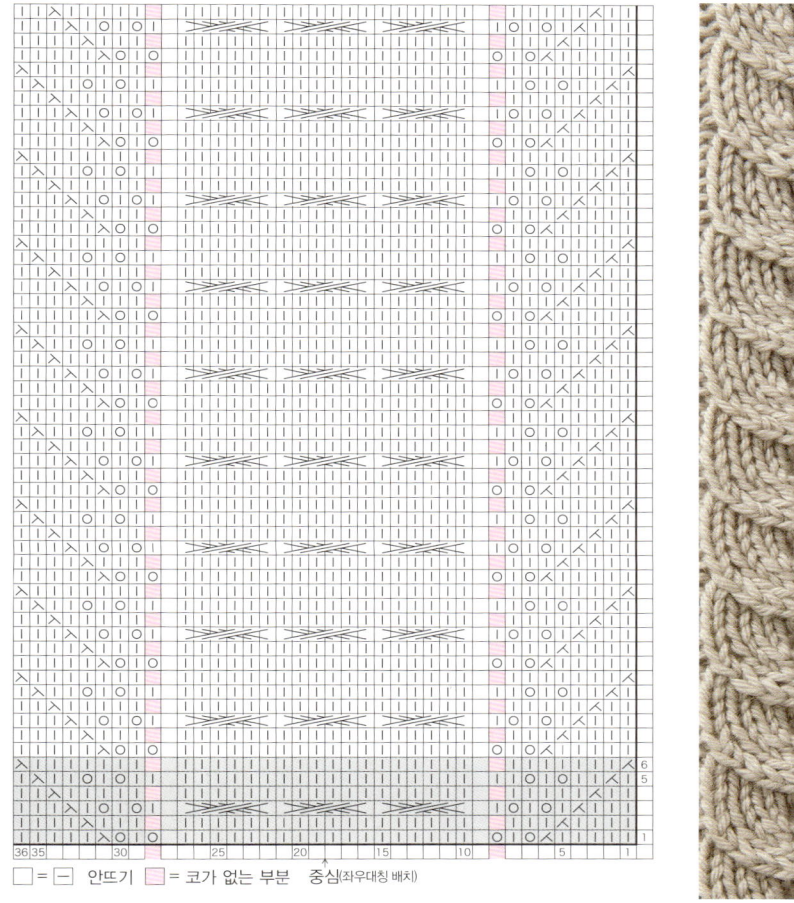

□ = — 안뜨기   ■ = 코가 없는 부분   중심(좌우대칭 배치)

케이블의 볼륨감과 비침무늬로 만든 나뭇잎무늬의 대비가 멋집니다

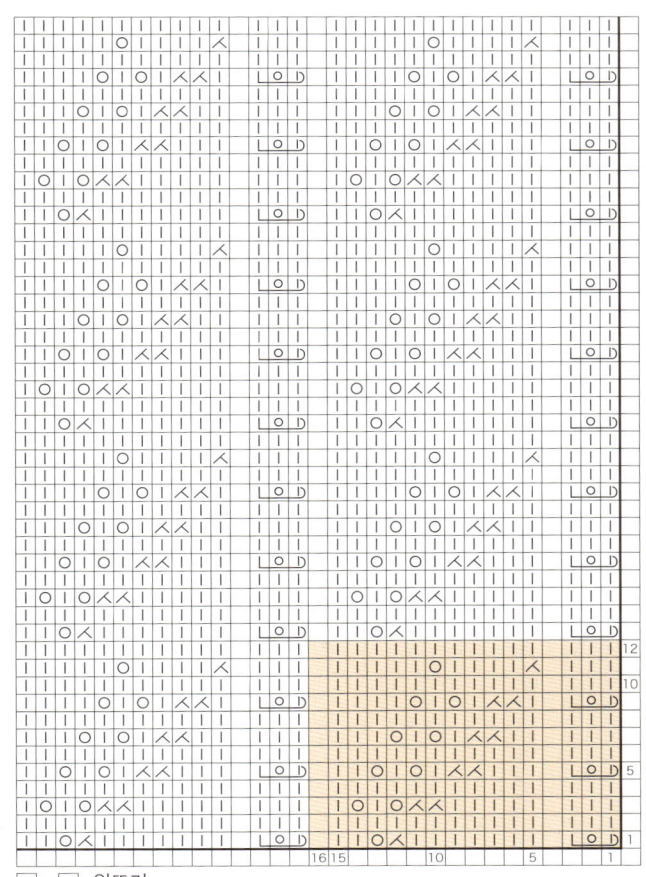

□ = — 안뜨기

걸기코와 2코 모아뜨기가 세트. 총 콧수를 확인하며 진행하세요

098

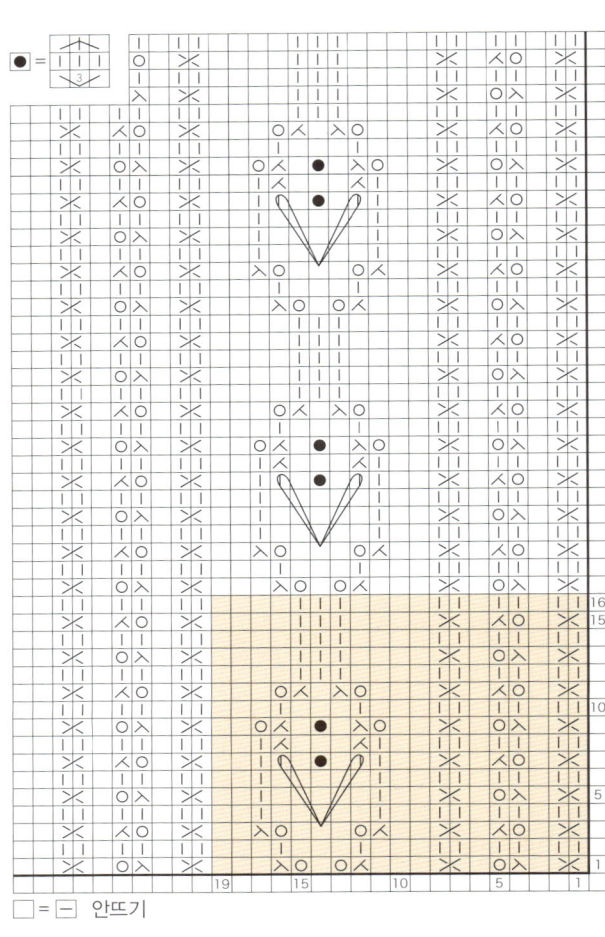

🐑 구슬뜨기의 아랫단에서 끌어내는 코를 느슨하면서 일정한 길이가 되도록 뜨는 것이 요령

099

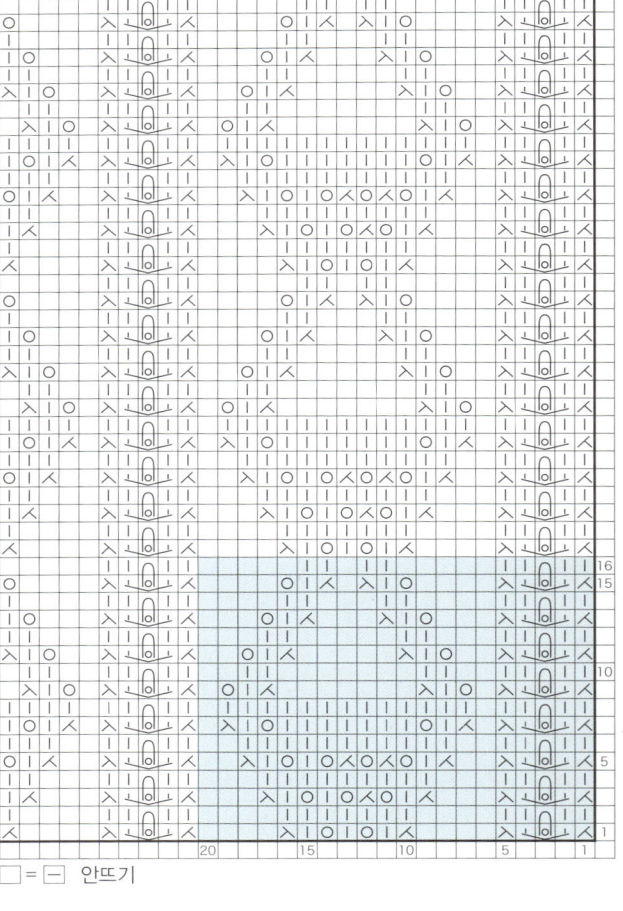

🐑 교차뜨기를 하지 않는데 교차무늬로 보이는 신기한 무늬

lace mix

100

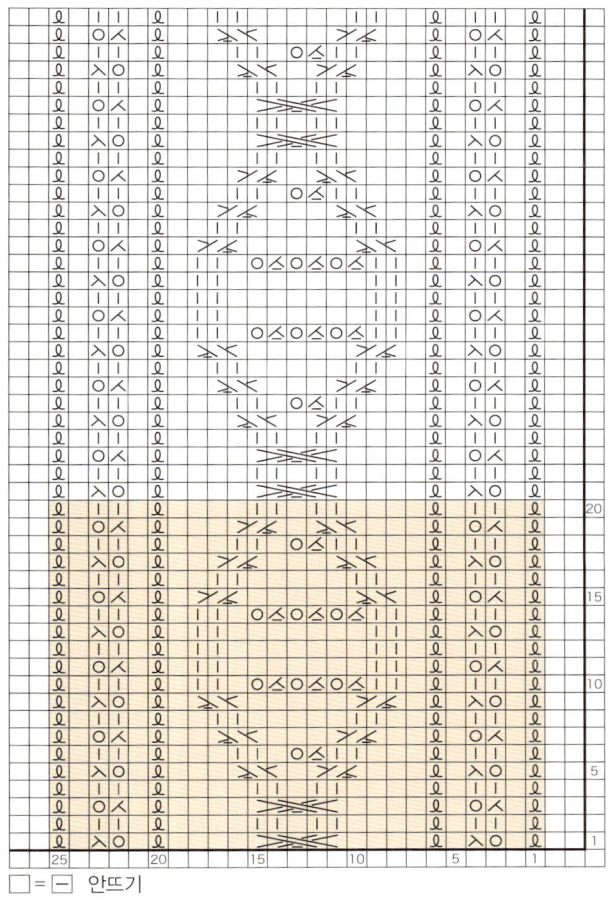

케이블 속의 레이스무늬는 짝수 단에서!

101

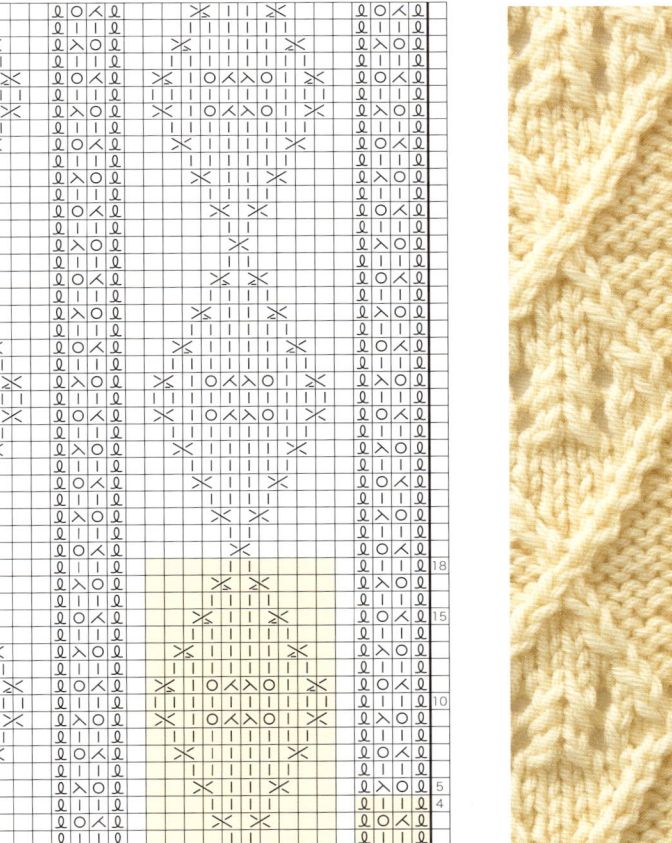

걸기코와 1코 교차뜨기로 만든 비치는 뜨개바탕. 면사로 여름옷을 떠도 멋집니다

102

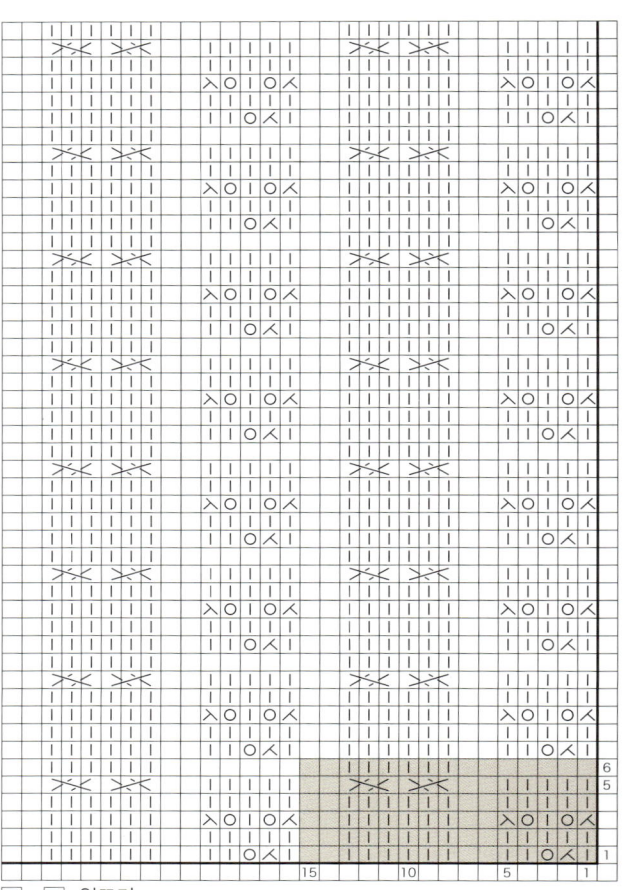

🐑 걸기코무늬는 6단마다 안뜨기가 들어갑니다. 놓치기 쉬우니 주의!

103

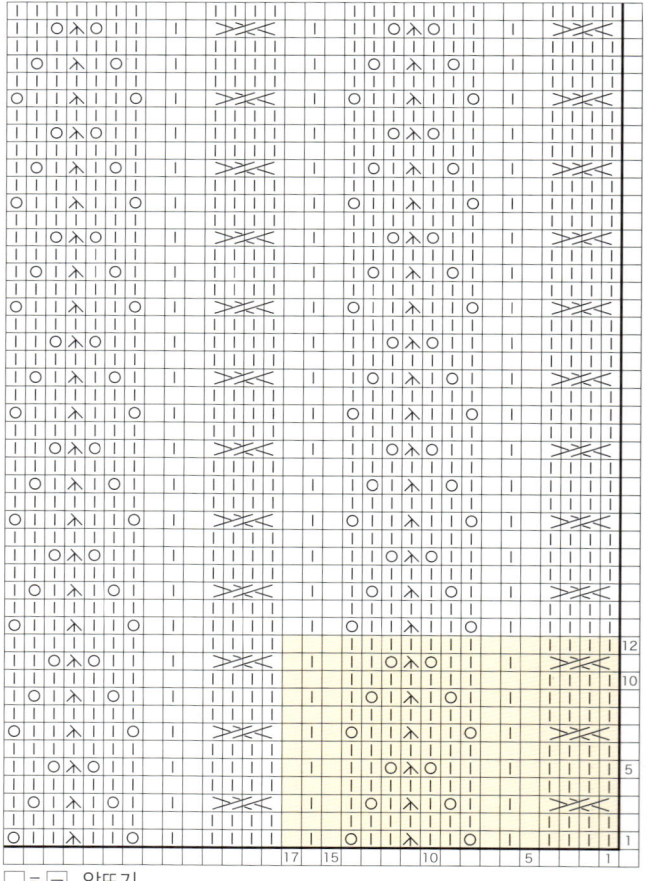

🐑 기본 카디건 등에 이용하기 좋은 무늬

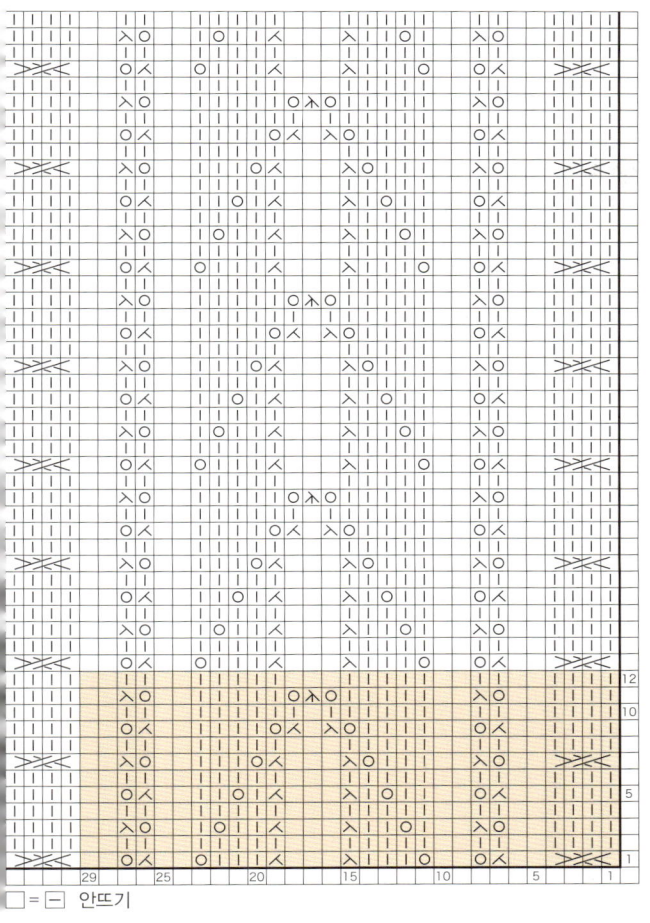

104

교차무늬와 똑같은 이미지를 걸기코와 2코 모아뜨기로 표현한 재미있는 무늬

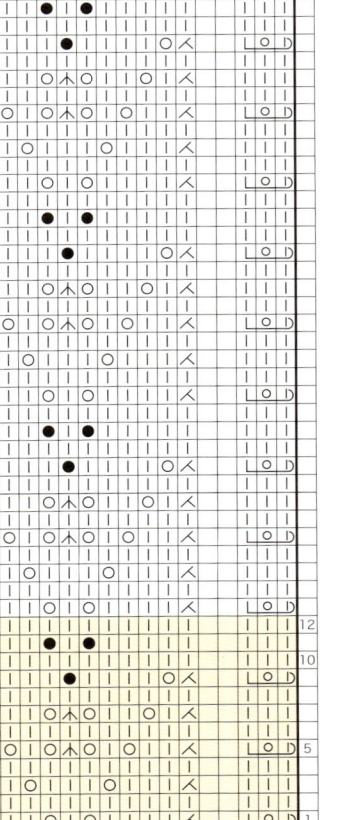

105

짝수 단의 콧수를 세면서 뜨면 비침무늬의 걸기코 실수가 줄어듭니다

106

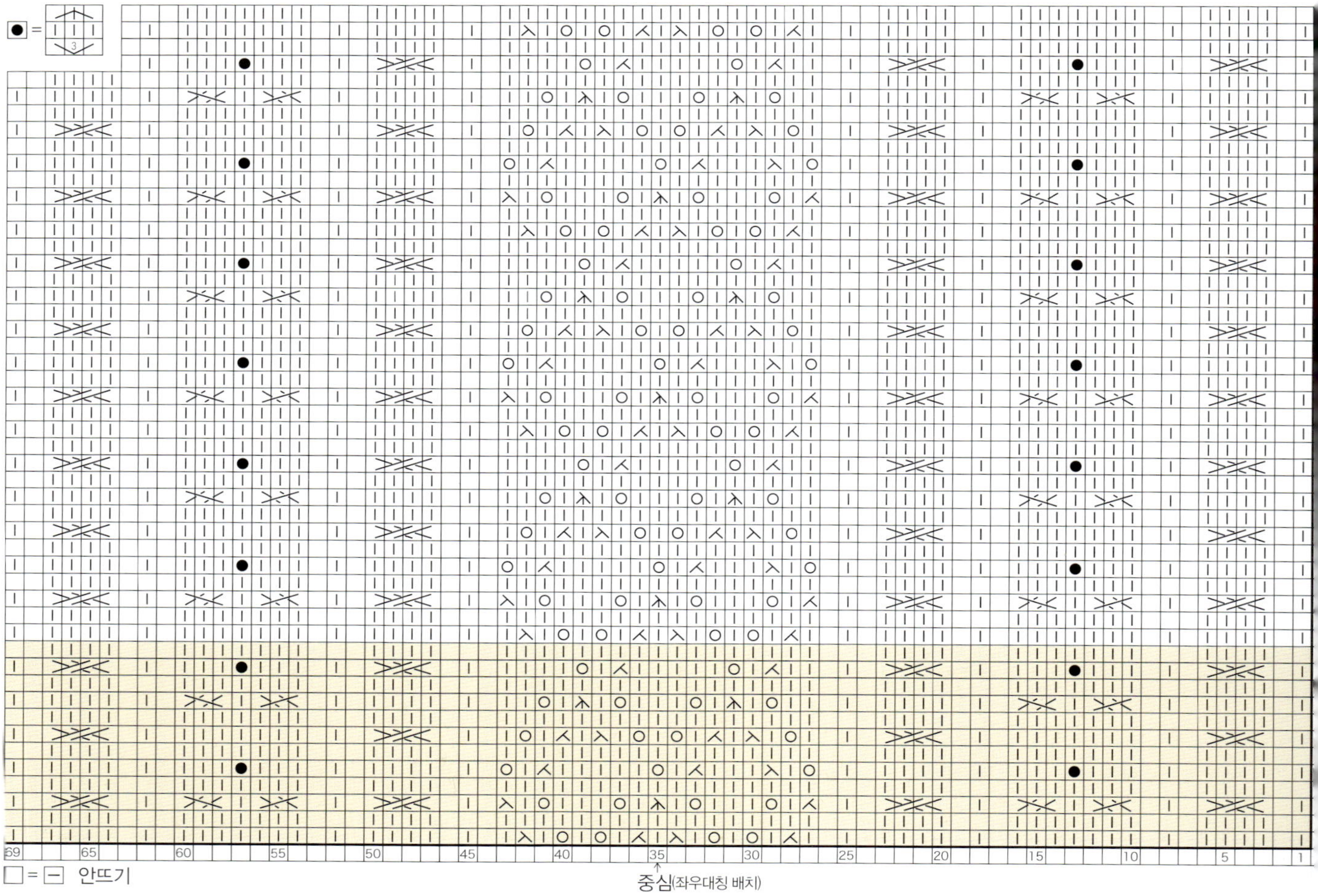

뜨개바탕 전체가 12단마다 반복되므로 뜨기 쉽습니다

□ = − 안뜨기

중심(좌우대칭 배치)

lace mix

107

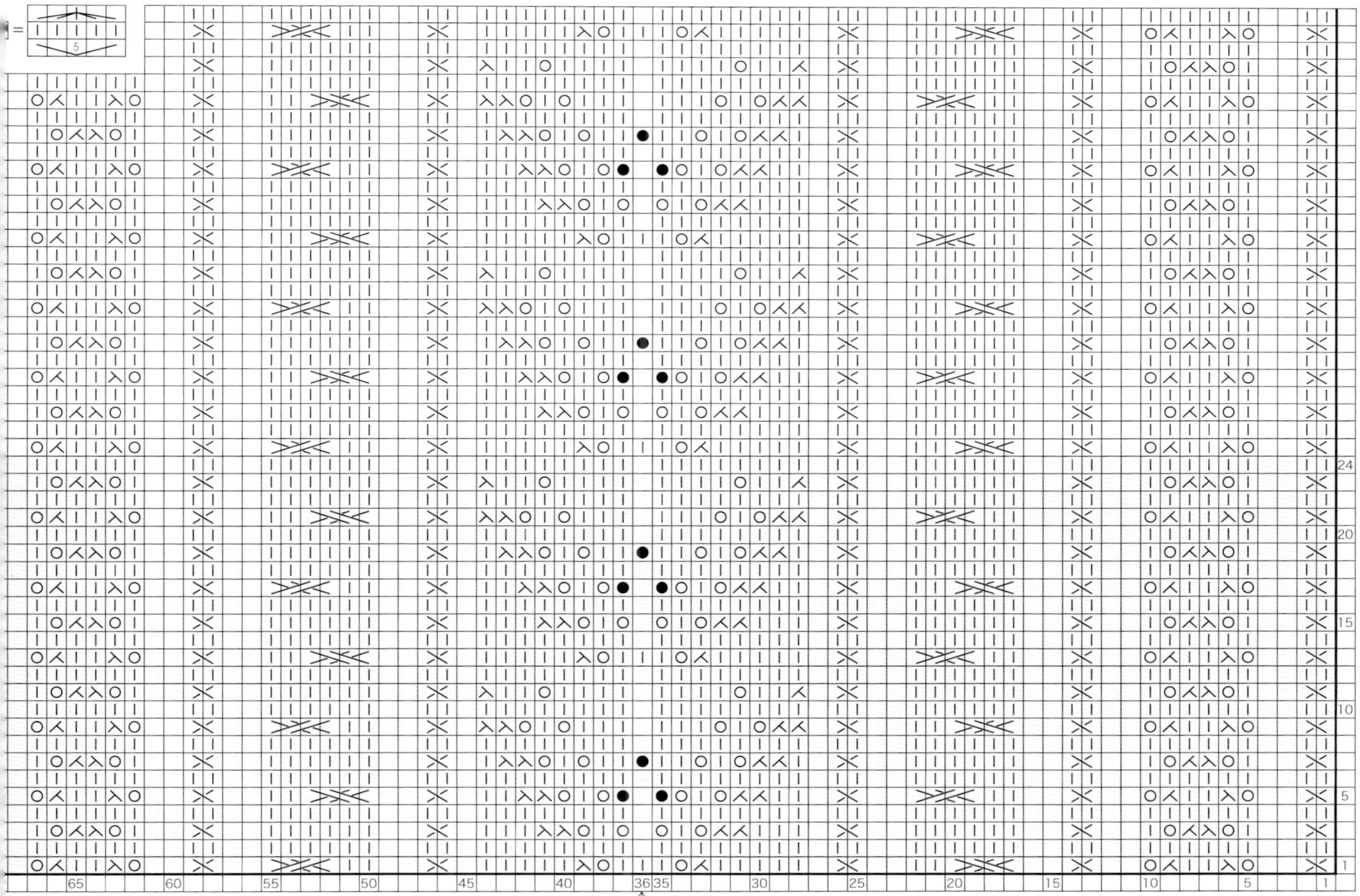

중심(좌우대칭 배치)

3개의 방울이 모여서 작은 꽃처럼 보입니다

] = ─ 안뜨기

108

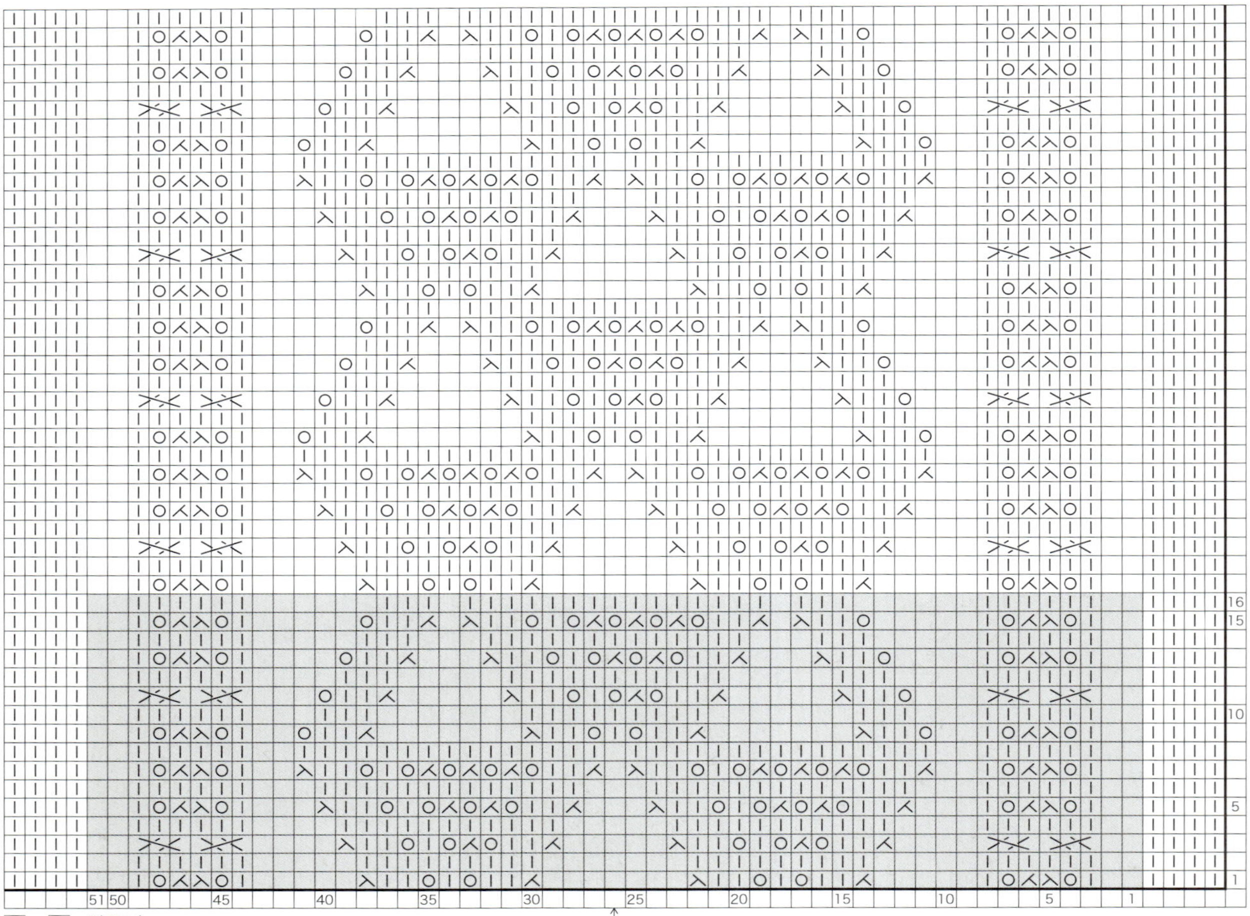

□ = □ 안뜨기   중심(좌우대칭 배치)

여름용 실로 뜨는 여름 스웨터나 카디건 등에 추천하는 시원한 느낌의 무늬

109

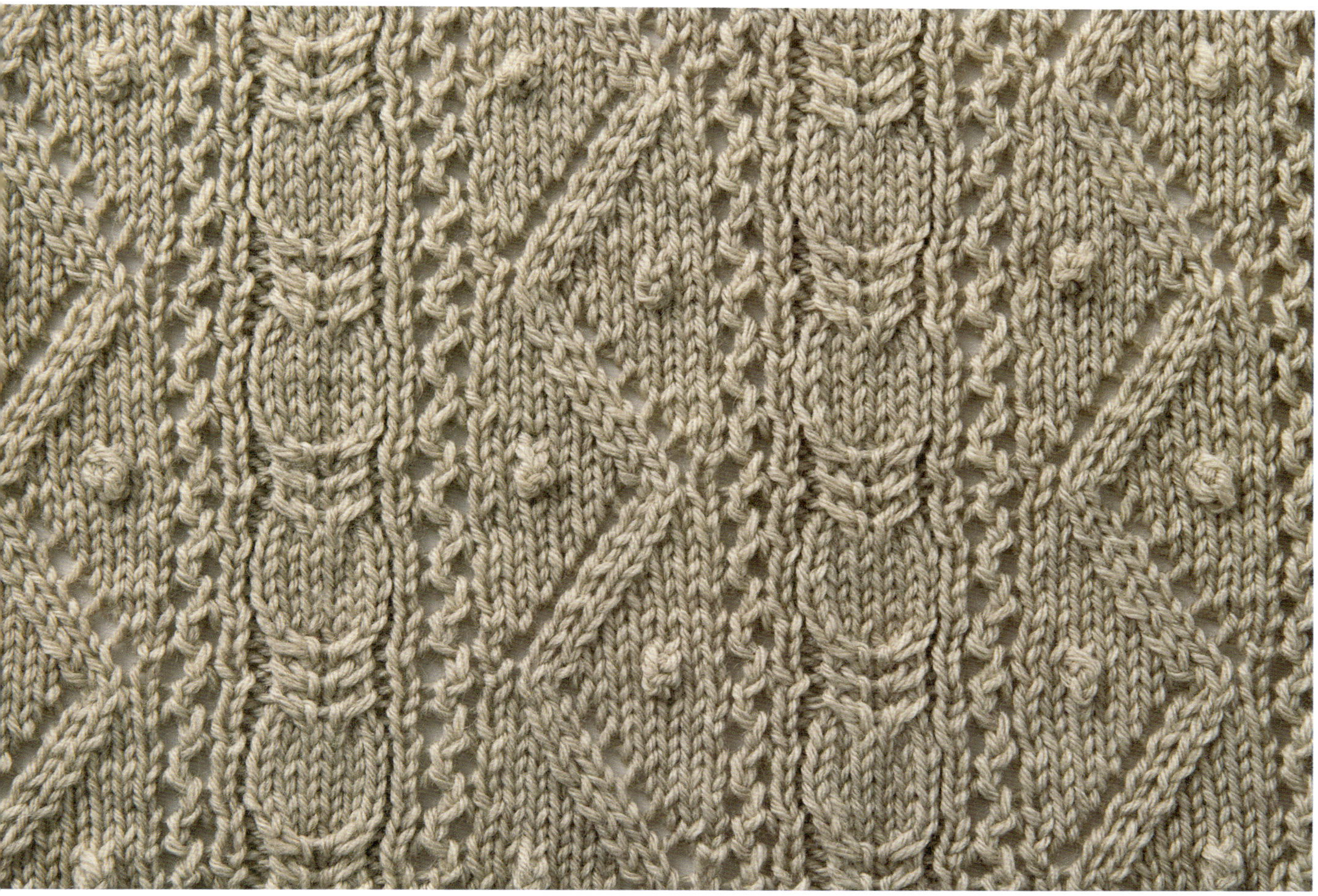

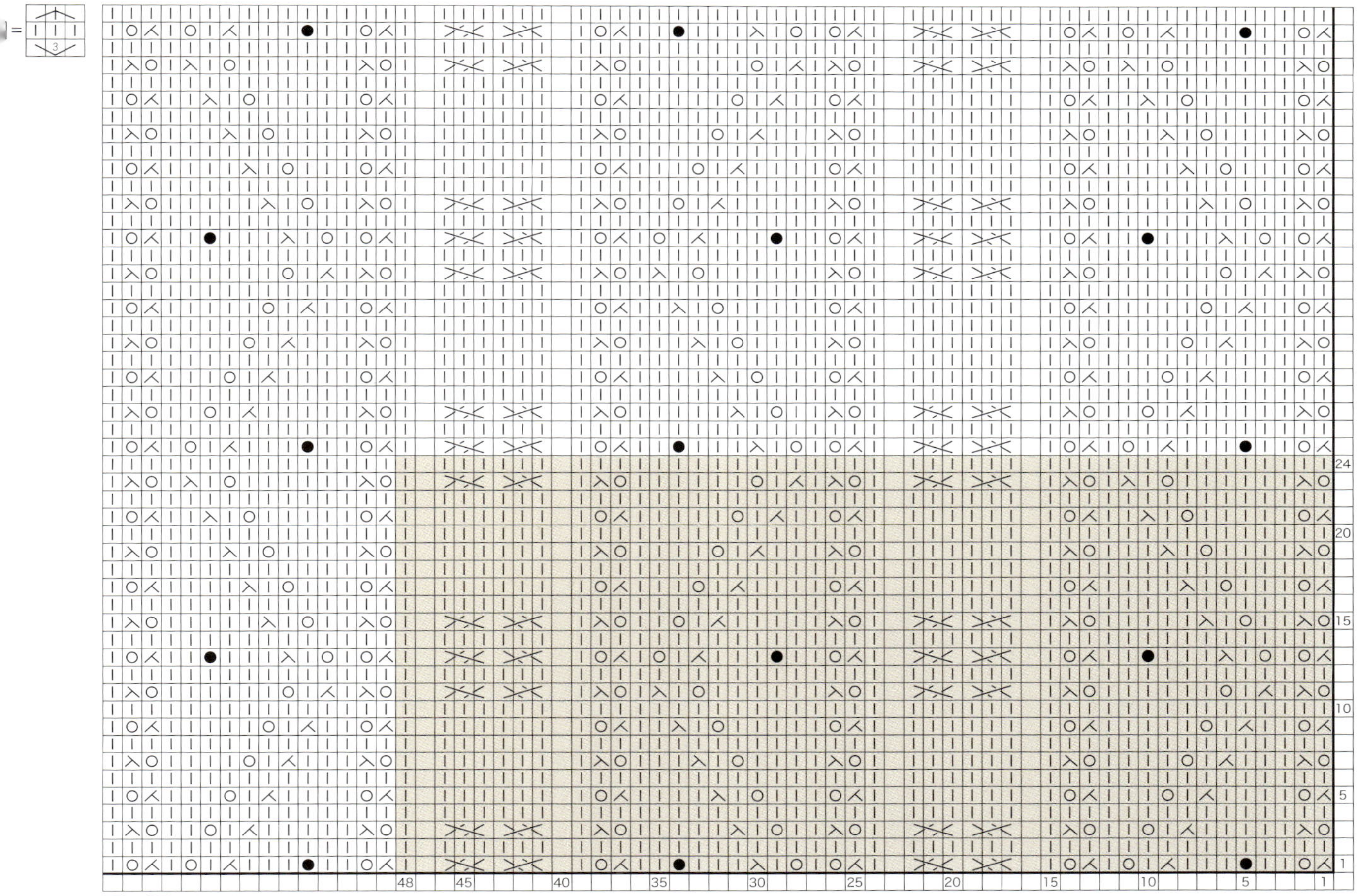

□ = ⊟ 안뜨기

에스닉한 분위기가 느껴지는 무늬의 조합. 실 색깔이나 소재에 따라 느낌도 달라집니다

110

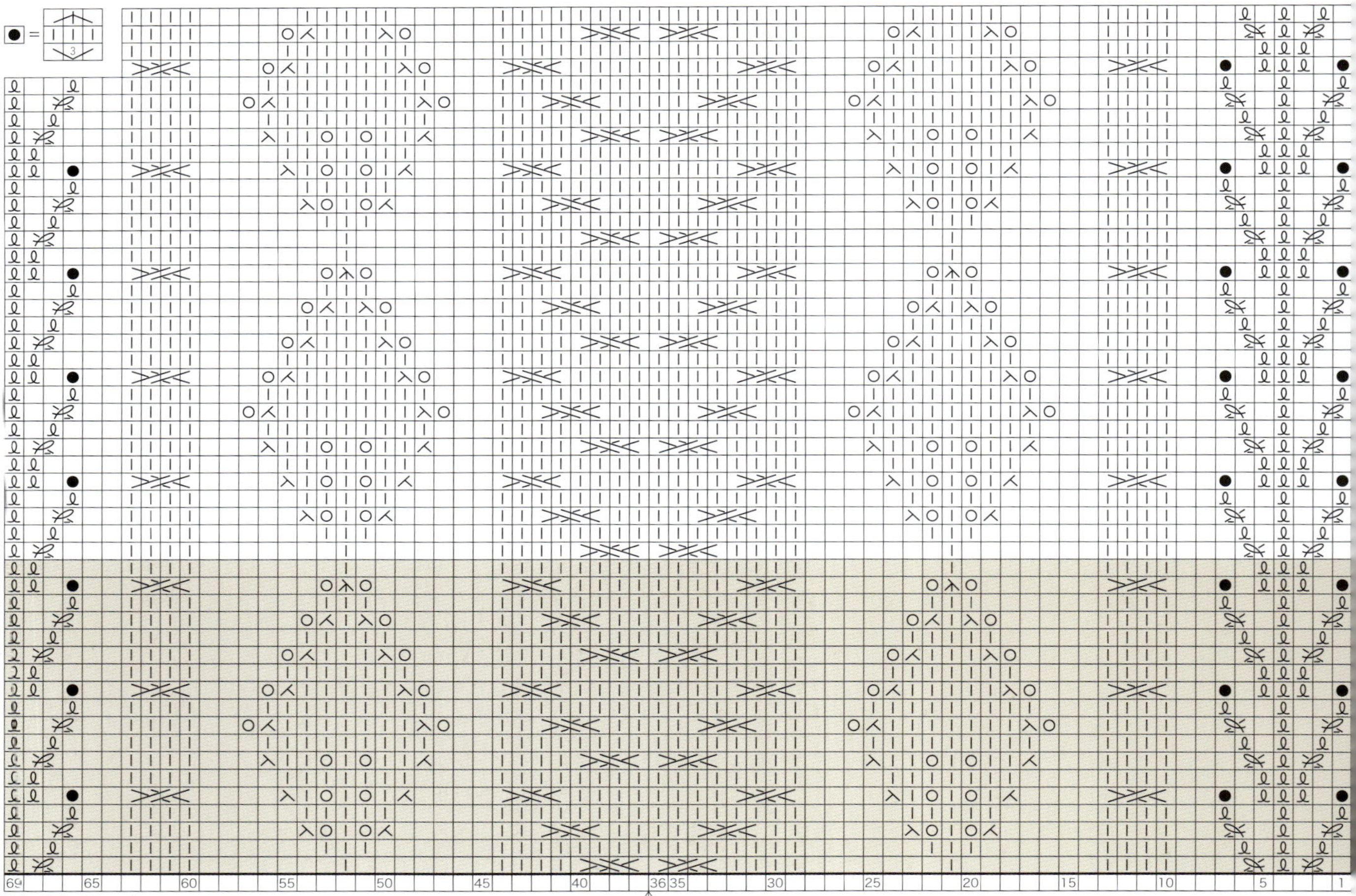

나뭇잎이나 나무무늬로 식물의 이미지를 표현했습니다. 비침무늬를 넣으면 가벼워져서 옷에도 추천

□ = ─ 안뜨기

중심(좌우대칭 배치)

작품을 떠보자
Let's Try The projects!

같은 패턴이라도 사용하는 소재나 색깔은 물론 아이템에 맞춰서 어떻게 잘라내고 조합하는지에 따라 무늬의 인상이 달라 보이는 것이 재미있습니다. 이 책에 실린 아란무늬를 사용한 작품에 도전해봅시다.

나무와 벌집무늬 모자 ——— 90 / 98

케이블무늬 룸 삭스 ——— 91 / 100

바구니무늬 넥워머 ——— 92 / 99

다이아몬드와 나무무늬 손모아장갑 ——— 93 / 101

블랙베리와 나무무늬 카디건 '여성용 M' ——— 94 / 102

블랙베리와 나무무늬 스웨터 '남성용 M' ——— 95 / 103

무늬를 작품에 이용할 때의 힌트

- 여러 패턴을 사용할 때는 되도록 1무늬가 같은 단수 또는 그 공배수 단수인 패턴을 고르면 뜨기 쉽습니다. ⓐ는 1무늬 4단, ⓑ는 1무늬 6단인 패턴입니다. ⓐ와 ⓑ 2종류라면 4와 6의 공배수=12단을 1무늬로 해서 뜹니다. 이 공배수가 커지면 반복하는 부분을 알아보기 어려워서 실수하기 쉽습니다.

- 몇몇 패턴을 조합한 무늬는 부분적으로 패턴을 바꿔서 뜰 수 있습니다. 자신만의 패턴을 조합할 때는 무늬 전체의 반복(공배수 단)에 신경 씁니다.

- 다이아몬드무늬처럼 큰 패턴은 무늬의 어느 위치가 목둘레에 오는지 등 포인트가 되는 부분의 무늬를 생각하고 시작해야 합니다. 이 책에 실린 뜨개도안의 뜨기 시작 위치가 아니라 뜨기 끝으로 삼고 싶은 무늬의 위치에서 역산해 시작 위치를 정합니다.

- 뜨개바탕의 중앙부터 메인 무늬를 배치합니다. 뜨개바탕의 옆쪽은 콧수가 적기 때문에 완성 크기에 맞춰 조정하기 쉬운 무늬를 넣는 것이 좋습니다.

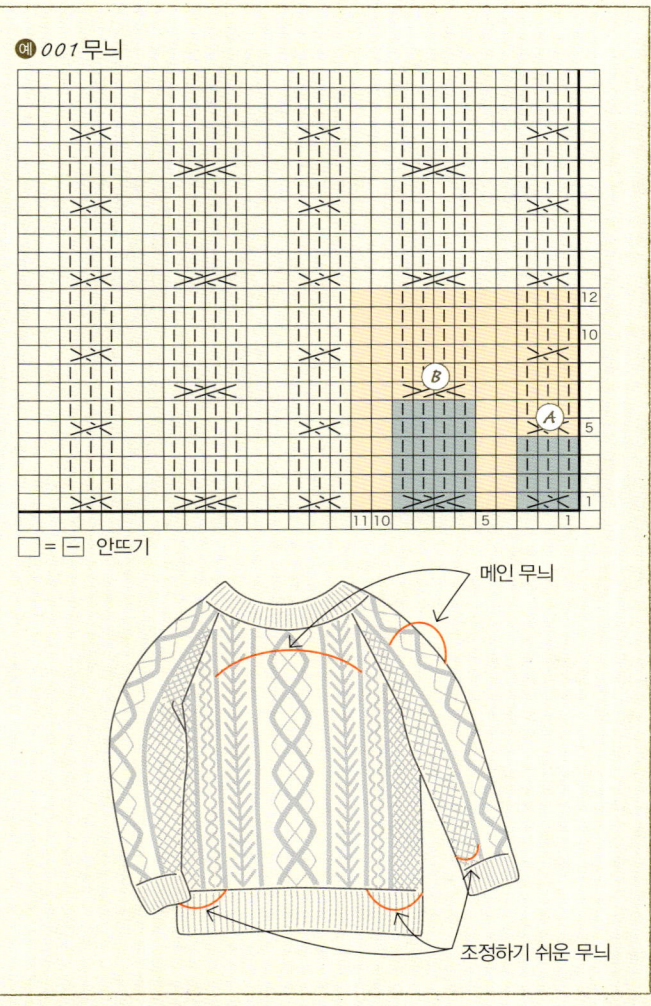

예 001 무늬

□ = ⊡ 안뜨기

메인 무늬

조정하기 쉬운 무늬

cap *Tree of Life and Honeycomb*

p.67 ▸082

나무와 벌집무늬 모자

방울 달린 생명의 나무를 배치한 귀여운 모자. 나무 개수로 전체의 분할을 결정하고 벌집무늬의 콧수를 조정합니다. 모자 꼭대기에서 코를 줄일 때는 무늬가 깔끔하게 이어지도록 주의합니다.

사용한 실 하마나카 아란 트위드
뜨는 법 *p.98*

케이블무늬 룸 삭스

발등 부분에 2코×2코와 1코×2코짜리 크고 작은 케이블을 배치한 룸 삭스. 발뒤꿈치부터 양말 입구 부분까지는 왕복뜨기로, 발바닥과 발등은 원형뜨기로 진행합니다. 케이블이 촘촘하게 들어가서 두툼하고 둥글둥글한 모양으로 완성됩니다.

사용한 실 하마나카 맨즈 클럽 마스터
뜨는 법 *p.100*

p.14 ▶001

neck warmer
Basket Stitch

바구니무늬 넥워머

피부에 직접 닿는 아이템이므로 촉감이 좋은 실을 골라서 찬찬히 뜹니다. 바구니무늬는 원하는 너비로 뜰 수 있어서 사용하기 편합니다. 가장자리의 교차는 변칙이 되므로 주의합니다.

사용한 실 스키 태즈메이니안 폴워스
뜨는 법 *p.99*

p.31 ▶032

Diamond and Tree of Life mittens

다이아몬드와 나무무늬 손모아장갑

눈이 번쩍 뜨이는 느낌의 핫핑크 장갑. 손등 쪽에 좋아하는 무늬를 비대칭으로 넣어 왼손과 오른손에 변화를 주었습니다. 손바닥과 엄지는 안메리야스뜨기로 뜹니다.

사용한 실 스키 태즈메이니안 폴워스
뜨는 법 *p.101*

p.42 ▸ 044

Blackberry Stitch and Tree of Life

블랙베리와 나무무늬 카디건
'여성용 M'

얌전한 느낌으로도 캐주얼한 느낌으로도 입을 수 있는 남색 래글런소매 카디건. 몸판과 소매에 무늬를 꽉 차게 배치해서 뜨는 보람이 있는 디자인입니다. 단추를 풀고 아우터 느낌으로 걸쳐도 멋집니다.

디자인 가제코보
사용한 실 퍼피 브리티시 에로이카
뜨는 법 *p.102*

p.26 ▶025
p.65 ▶078

Blackberry Stitch and Tree of Life **sweater**

블랙베리와 나무무늬 스웨터
'남성용 M'

카디건(→p.94)을 남성용 스웨터로 변형하고 목둘레를 두 겹으로 해서 탄탄한 느낌으로 마무리했습니다. 사이즈는 몸판 중앙의 블랙베리무늬와 몸판 옆쪽과 소매 옆선 부분의 멍석뜨기에서 조정합니다.

디자인 가제코보
사용한 실 퍼피 브리티시 에로이카
뜨는 법 *p.103*

p.26 ▶025
p.65 ▶078

이 책에서 사용한 실

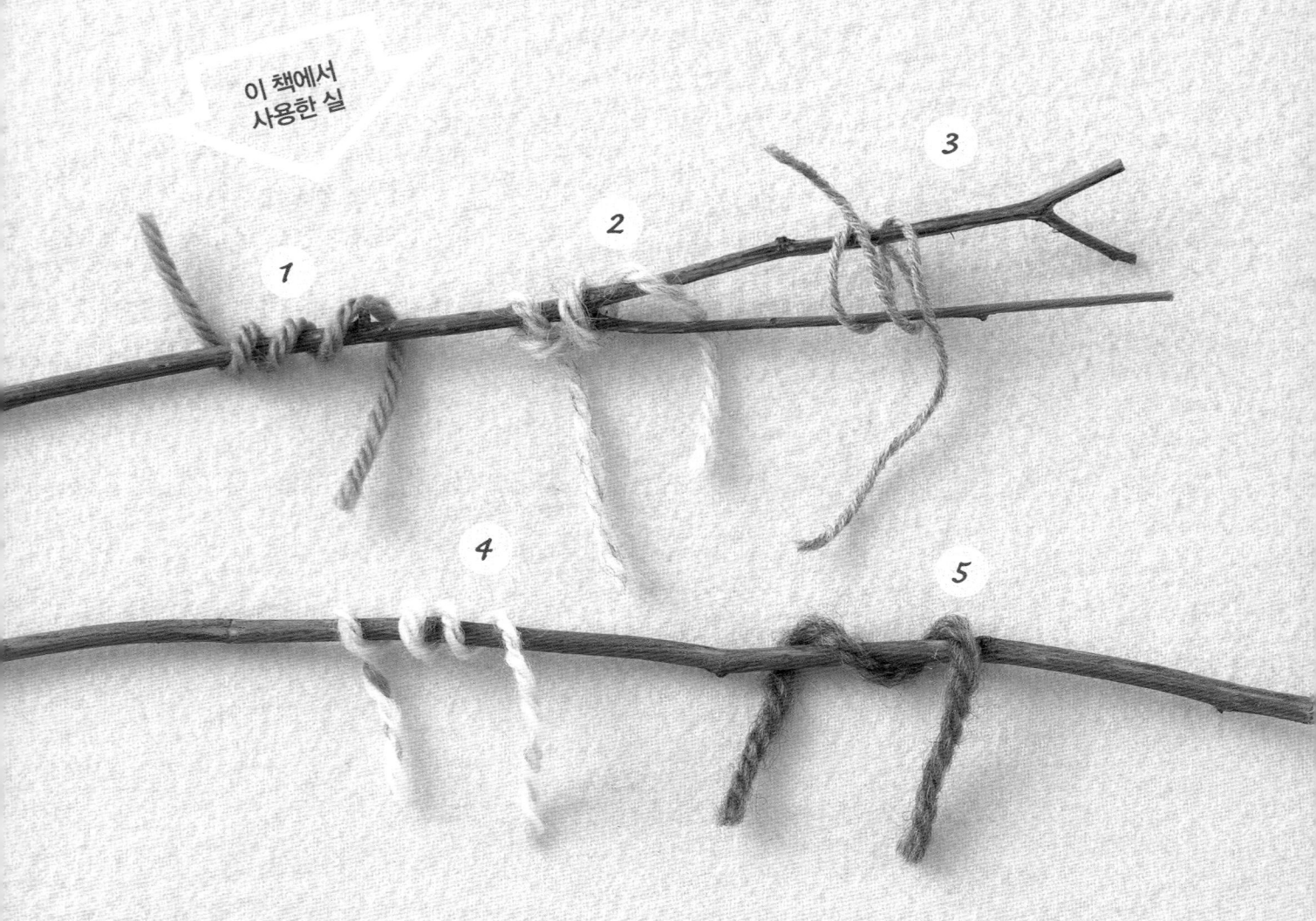

구분	제조사	실 이름	품질	무게	실 길이	실 타입	표준 대바늘 호수
1	퍼피	퀸 애니	모 100%	50g	97m	병태사	6~7호
2	퍼피	브리티시 에로이카	모 100%	50g	83m	극태사	8~10호
3	스키	태즈메이니안 폴워스	모 100% (태즈메이니안 폴워스)	40g	134m	합태사	4~6호
4	하마나카	아란 트위드	모 90%+알파카 10%	40g	82m	병태사	8~10호
5	하마나카	맨즈 클럽 마스터	모 60%+아크릴 40%	50g	75m	극태사	10~12호

● 사진은 실물 크기이고, 실 타입은 어디까지나 기준으로 삼도록 표시했습니다

1·2   주식회사 다이도 포워드 퍼피 사업부   www.puppyarn.com

3   주식회사 모토히로   www.skiyarn.com

4·5   하마나카주식회사   www.hamanaka.co.jp

작품 뜨는 법
How to knit

◆ 뜨개 기호 뜨는 법과 각종 기법

모자 꼭대기 조이기
1코 고무뜨기 코막음(원형뜨기) ——— 98

빼뜨기로 잇기 ——— 99

코와 단 잇기
감아코로 코 늘리기 ——— 100

메리야스 잇기
떠서 꿰매기 ——— 107

뜨는 법 기초
Basic Technique Guide

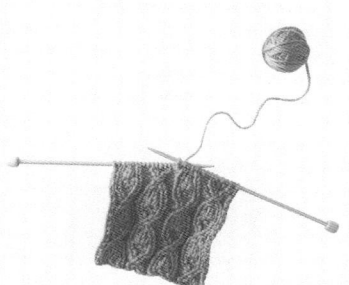

왼코 교차뜨기
오른코 교차뜨기
왼코 위 2코 교차뜨기
오른코 위 2코 교차뜨기
왼코 위 2코 교차뜨기(중앙에 안뜨기 1코 넣기)
오른코 위 2코 교차뜨기(중앙에 안뜨기 1코 넣기)
왼코 교차뜨기(아래쪽 안뜨기) ——— 108

오른코 교차뜨기(아래쪽 안뜨기)
왼코 위 돌려 교차뜨기(아래쪽 안뜨기)
오른코 위 돌려 교차뜨기(아래쪽 안뜨기)
중심 1코에서 좌우 교차뜨기
왼코에 꿴 교차뜨기(오른코를 꿴 교차뜨기)
오른코에 꿴 교차뜨기(왼코를 꿴 교차뜨기) ——— 109

걸러뜨기
왼코 위 걸러 교차뜨기
오른코 위 걸러 교차뜨기
왼코 겹쳐 3코 모아뜨기에서 3코 늘려뜨기
왼코에 꿴 매듭뜨기(3코일 때)
5코 2단 매듭뜨기
5코 5단 구슬뜨기(중심 5코 모아뜨기) ——— 110

3단 끌어올려 3코 구슬뜨기
긴뜨기 3코 구슬뜨기(기둥코로 사슬 2코)
한길긴뜨기 2코 구슬뜨기
3코 끌어올려뜨기 ——— 111

나무와 벌집무늬 모자

photo p.90

- **실** 하마나카 아란 트위드 베이지 (1) 105g
- **도구** 대바늘 8호, 6호
- **완성 치수** 머리둘레 54cm, 깊이 24cm
- **게이지**(10×10cm) 무늬뜨기 23.5코×25단
- **뜨는 법** 별도사슬로 만드는 기초코로 코를 잡아서 뜨기 시작하고 원형뜨기로 무늬뜨기를 한다. 모자 꼭대기의 분산 코 줄이기는 그림을 참조한다. 마지막 단의 코에 실을 2회 통과시켜서 조인다. 기초코 사슬을 풀어서 코를 줄이며 정해진 콧수만큼 주워 1코 고무뜨기를 한다. 마무리는 원형뜨기의 1코 고무뜨기 코막음한다.

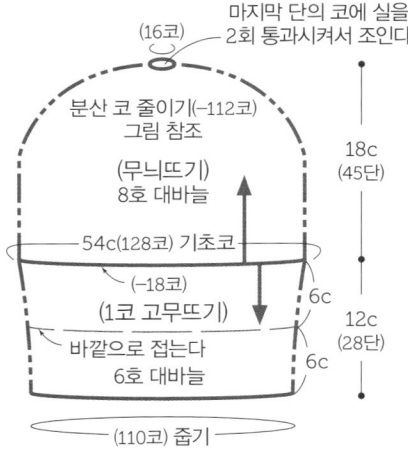

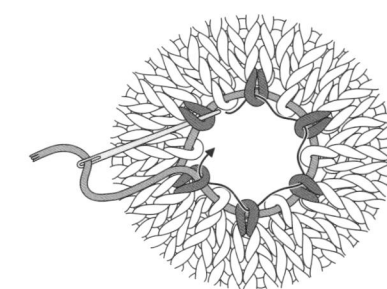

모자 꼭대기 조이기

1코씩 걸러서 실을 통과시킨 뒤 2회에 나눠서 조인다. 단, 코 방향이 꼬이지 않도록 주의한다.

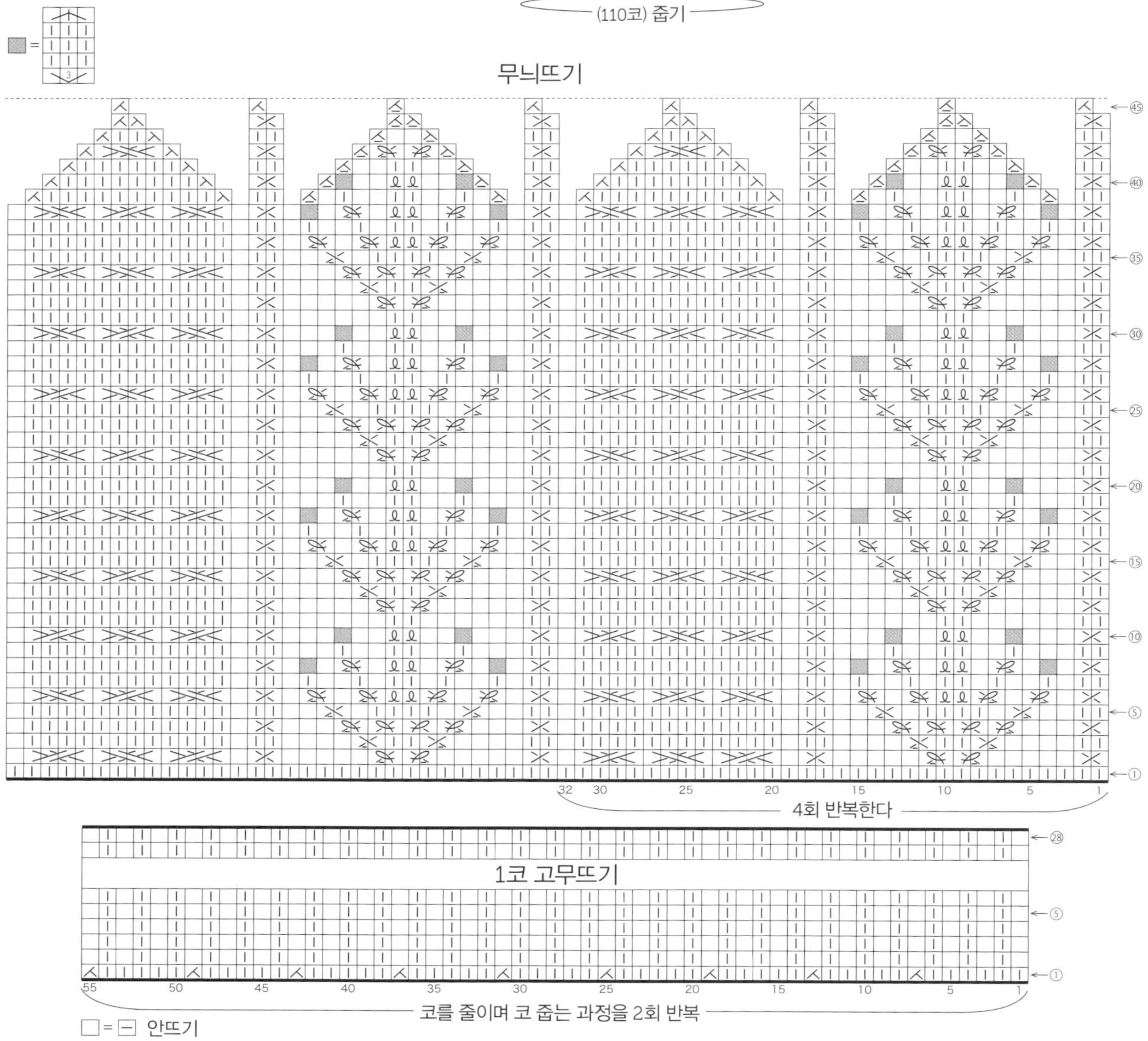

무늬뜨기

1코 고무뜨기

□ = □ 안뜨기

1코 고무뜨기 코막음(원형뜨기)

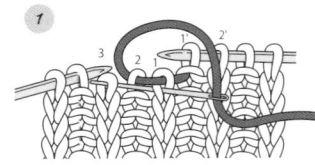

① 코1(뜨기 시작)에 바늘을 넣어서 코2 뒤쪽으로 빼고 코1 앞쪽에서 코3 앞쪽으로 바늘을 뺀다.

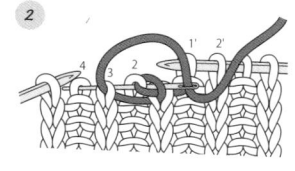

② 코2 뒤쪽에서 바늘을 넣어 코4 뒤쪽으로 뺀다(안뜨기와 안뜨기).

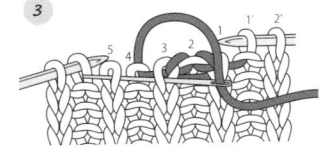

③ 코3 앞쪽에서 바늘을 넣어 코5 앞쪽으로 뺀다(겉뜨기와 겉뜨기). ②와 ③을 반복한다.

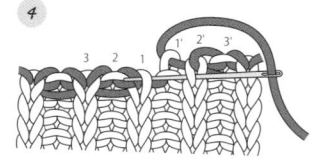

④ 뜨기 끝. 코2′ 앞쪽에서 바늘을 넣어 코1 앞쪽으로 뺀다.

photo p.92 바구니무늬 넥워머

- ○**실** 스키 태즈메이니안 폴워스 회색 (7026) 70g
- ○**도구** 대바늘 6호, 빼뜨기로 잇기는 코바늘 5/0호 사용
- ○**완성 치수** 너비 15cm, 길이 49cm
- ○**게이지**(10×10cm) 무늬뜨기 50코×36단
- ○**뜨는 법** 손가락에 걸어 만드는 기초코로 코를 잡아서 왕복뜨기로 무늬뜨기를 한다. 176단을 뜬 뒤에 뜨개바탕을 겉끼리 맞닿게 접어서 뜨기 시작과 뜨기 끝을 빼뜨기로 잇기로 연결해 원형으로 만든다.

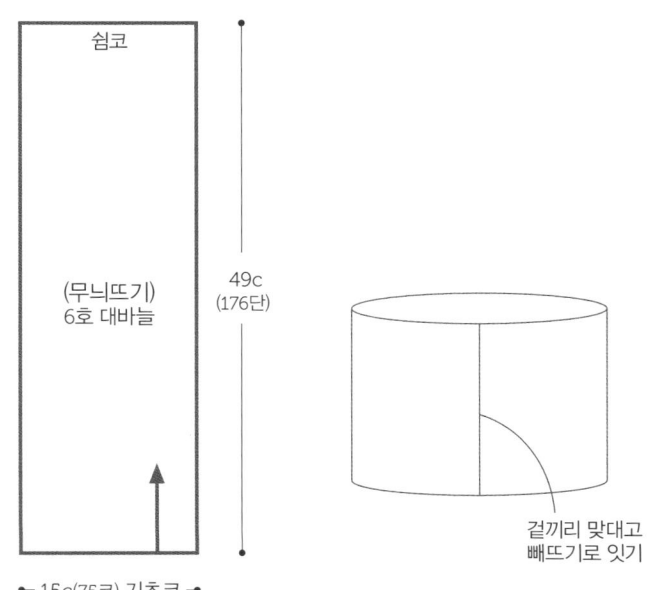

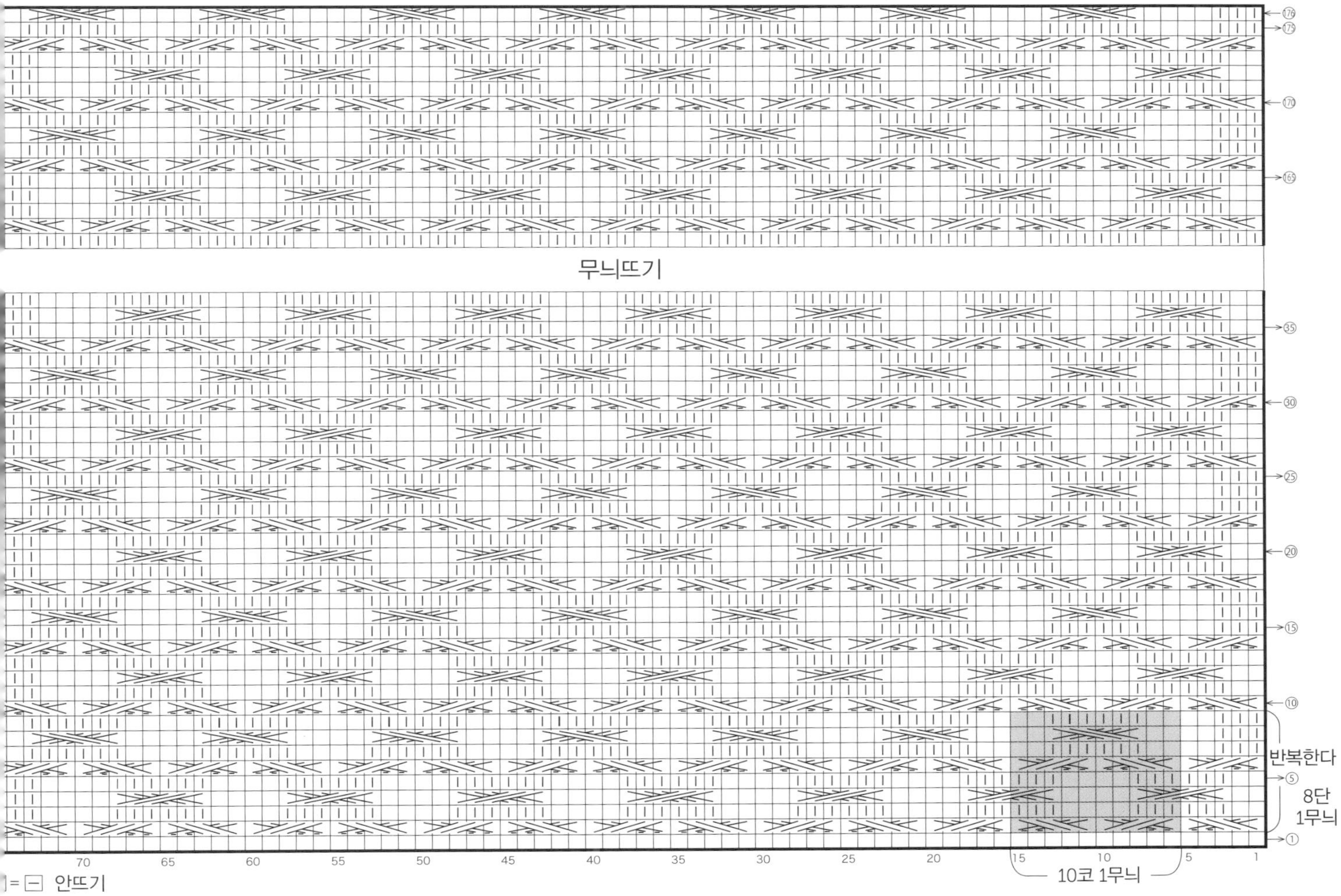

무늬뜨기

| = ⊖ 안뜨기

빼뜨기로 잇기

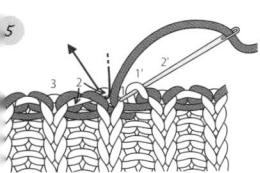

1′(안뜨기) 뒤쪽에서 바늘을 넣어 코2 뒤쪽으로 뺀다.

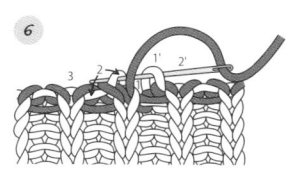

실을 당겨서 완성한다. 코1·2에는 바늘이 3회 들어간다.

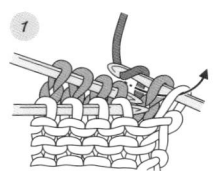

뜨개바탕을 겉끼리 맞댄다. 양 가장자리 코에 코바늘을 넣고 실을 걸어 한 번에 뺀다.

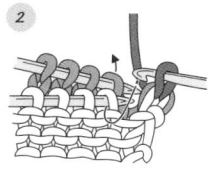

다음 코에도 같은 방법으로 바늘을 넣고 실을 걸어서 3코를 한 번에 빼뜬다.

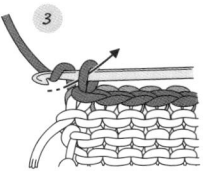

2 를 되풀이한다. 마지막에는 고리를 빼낸 후 당겨서 조인다.

photo p.91 **케이블무늬 룸 삭스**

- **실** 하마나카 맨즈 클럽 마스터 회갈색 (46) 110g, 진한 주황 (60) 110g
- **도구** 대바늘 12호, 9호, 8호
- **완성 치수** 바닥길이 23cm, 길이 18cm
- **게이지**(10×10cm) 메리야스뜨기 14.5코×20단, 무늬뜨기 20코×20단
- **뜨는 법** 별도사슬로 만드는 기초코로 코를 잡아서 발뒤꿈치 쪽부터 각각 2장 뜬다. 각각 6단씩 뜨고, 7번째 단에서 발바닥 코를 감아코로 만든 뒤 2장을 합쳐 다시 왕복뜨기로 14단 뜬다. 발등 중앙에서 감아코로 코를 늘리고, 발등과 발바닥을 이어서 원형뜨기한다. 그림을 참조해 발부리 쪽에서 코를 줄이고 뜨기 끝끼리 메리야스 잇기를 한다. 발뒤꿈치 쪽은 맞춤점끼리 메리야스 잇기(→p.107)와 코와 단 잇기로 이어준다. 정해진 위치에서 코를 주워 게이지를 조정하며 원형뜨기로 1코 고무뜨기를 한다. 겉뜨기는 겉뜨기, 안뜨기는 안뜨기를 하며 덮어씌우기로 코막음해서 마무리한다.

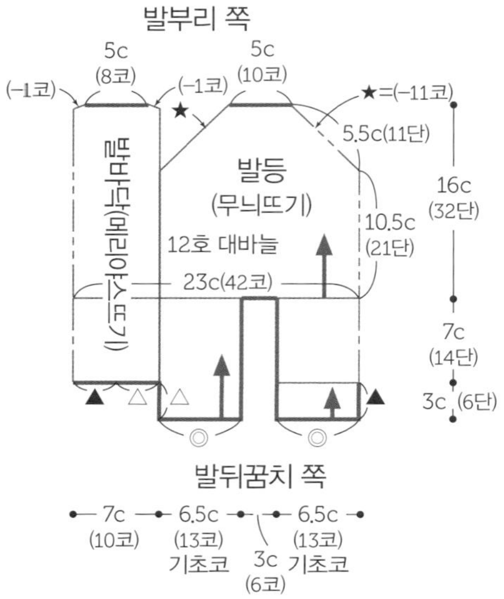

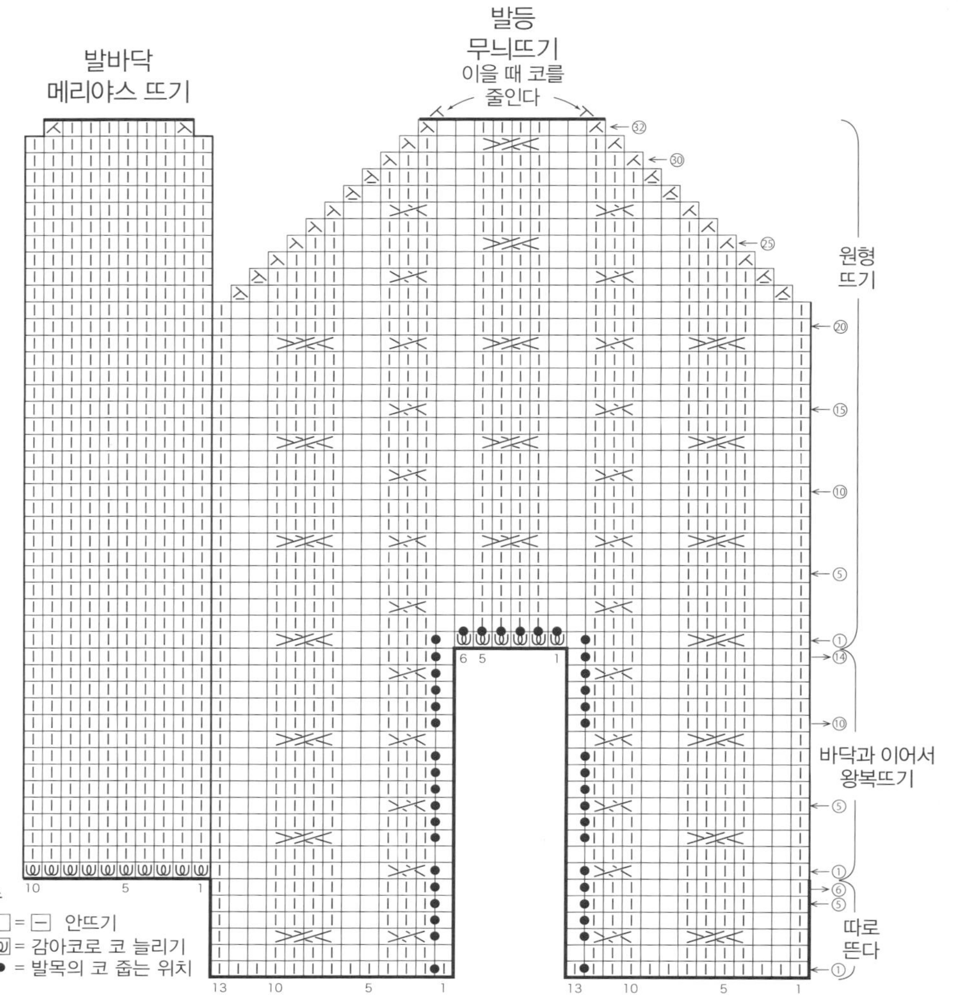

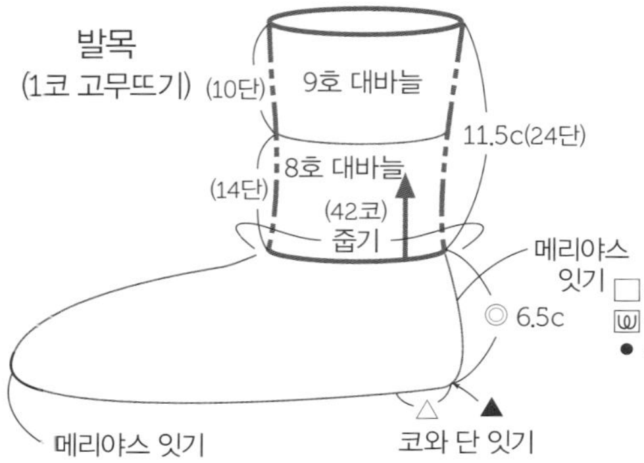

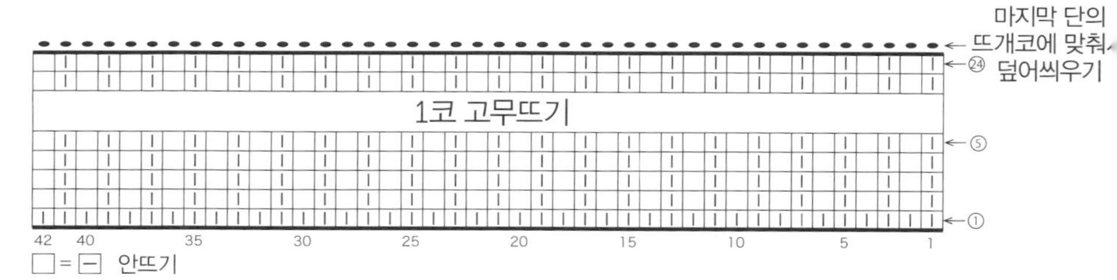

코와 단 잇기

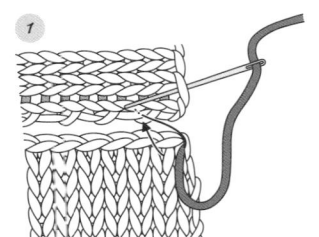

1. 단은 가장자리 1코 안쪽의 코와 코 사이의 걸치는 실을 줍고, 코는 2코마다 바늘을 넣는다.

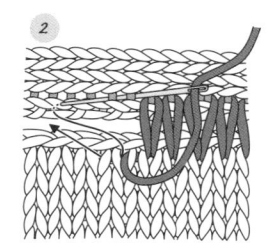

2. 단이 많으면 군데군데 한 번에 2단을 주워서 조정한다. 코와 단에 교대로 바늘을 넣고, 잇는 실은 울지 않을 정도로 당겨서 보이지 않도록 한다.

감아코로 코 늘리기

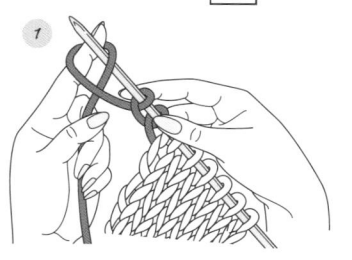

1. 집게손가락에 걸려 있는 실에 바늘을 넣고 손가락을 뺀다.

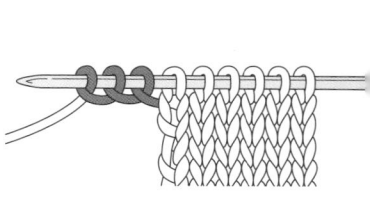

2. 1을 반복해 감아코로 3코 만든 모습.

photo p.93 다이아몬드와 나무무늬 손모아장갑

○**실** 스키 태즈메이니언 폴워스 핫핑크 (7012) 50g
○**도구** 대바늘 3호, 1호
○**완성 치수** 손바닥둘레 18cm, 길이 24.5cm
○**게이지** 안메리야스뜨기(10×10cm) 26.5코×41단, 무늬뜨기 9cm 35코×10cm 41단
○**뜨는 법** 손가락에 걸어 만드는 기초코로 코를 잡고 원형뜨기로 2코 고무뜨기를 한다. 34단을 뜬 뒤 대바늘을 바꿔 손바닥 쪽은 안메리야스뜨기, 손등 쪽은 무늬뜨기한다. 엄지 위치에는 별실을 넣어서 뜬다. 손끝의 코 줄이기는 그림을 참조한다. 남은 코에 실을 2회 통과시켜서 조인다(→p.98). 엄지는 별실을 풀고 코를 주워서 원형뜨기로 안메리야스뜨기한다. 마지막 단의 코에 실을 2회 통과시켜서 조이고 마무리한다.

◎ 엄지와 왼손 손끝 무늬의 코 줄이기(→p.106)

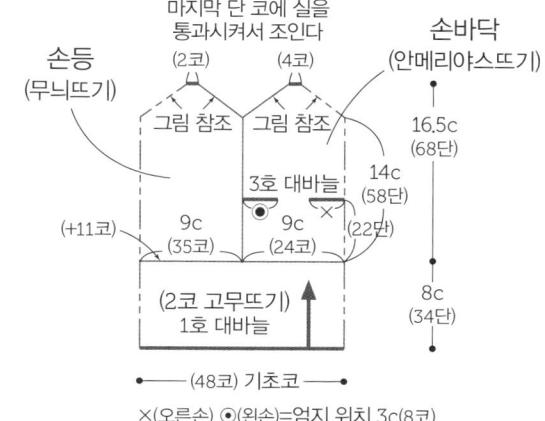

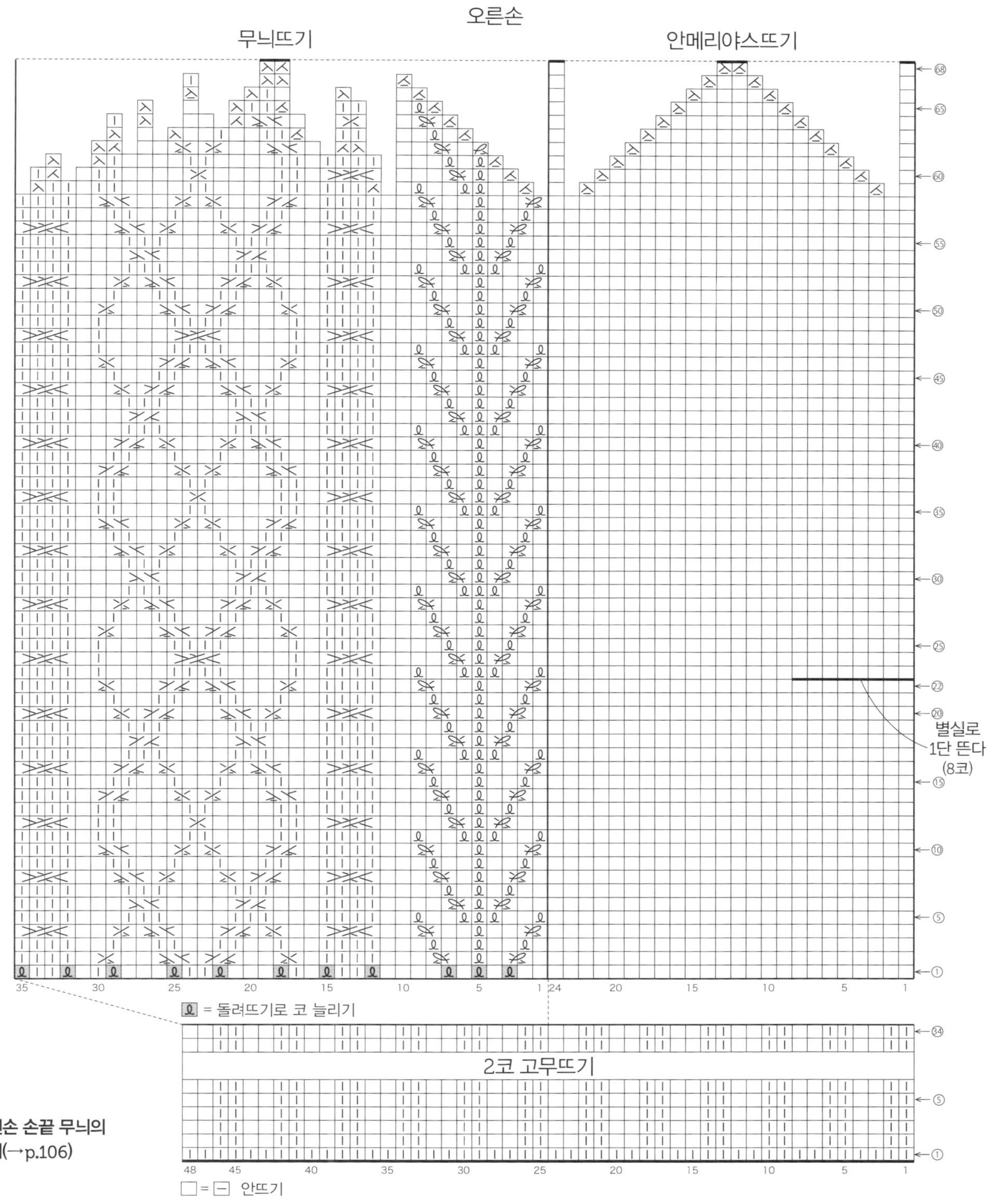

photo p.94 블랙베리와 나무무늬 카디건 '여성용 M'

- ○ **실** 퍼피 브리티시 에로이카 남색 (101) 585g
- ○ **단추** 지름 23㎜ 7개
- ○ **도구** 대바늘 9호, 7호, 6호
- ○ **완성 치수** 가슴둘레 95.5cm, 전체 길이 63cm, 뒷목 중심~소맷부리 72cm
- ○ **게이지** 멍석뜨기(10×10cm) 16코×22.5단, 무늬뜨기A 40cm 84코×10cm 22.5단, 무늬뜨기B 19cm 39코×10cm 22.5단
- ○ **뜨는 법** 몸판…손가락에 걸어 만드는 기초코로 코를 잡는다. 밑단의 돌려 1코 고무뜨기를 뜬 뒤 평균적으로 코 늘리기를 하고 무늬뜨기A와 멍석뜨기를 한다. 옆 폭의 코는 덮어씌우기하고, 래글런 라인은 가장자리 3코를 세워서 코 줄이기를 한다. 마무리는 덮어씌우기로 코막음하는데, 뒤판은 중심의 무늬에서 코를 줄이며 덮어씌우기한다. 앞판은 좌우대칭으로 2장을 뜬다.

소매…몸판과 같은 방법으로 뜨기 시작해 무늬뜨기B와 멍석뜨기를 한다. 소매 옆선은 1코 안쪽에서 돌려뜨기로 코 늘리기를 하고, 래글런 라인은 덮어씌우기와 가장자리 3코를 세워서 코 줄이기를 한다. 덮어씌우기로 코막음해 마무리한다. 좌우대칭으로 2장 뜬다.

마무리…몸판과 소매의 래글런 라인을 맞대고 떠서 꿰매기로 잇고 몸판 옆선, 소매 옆선도 떠서 꿰매기로 잇는다. 옆 폭의 코는 메리야스 잇기를 한다. 옷깃, 앞 여밈단 순으로 코를 주워서 돌려 1코 고무뜨기를 하는데, 오른쪽 앞 여밈단에는 단춧구멍을 만든다. 마지막 단의 코에 맞춰서 덮어씌우기로 코막음한다. 왼쪽 앞 여밈단에 단추를 단다.

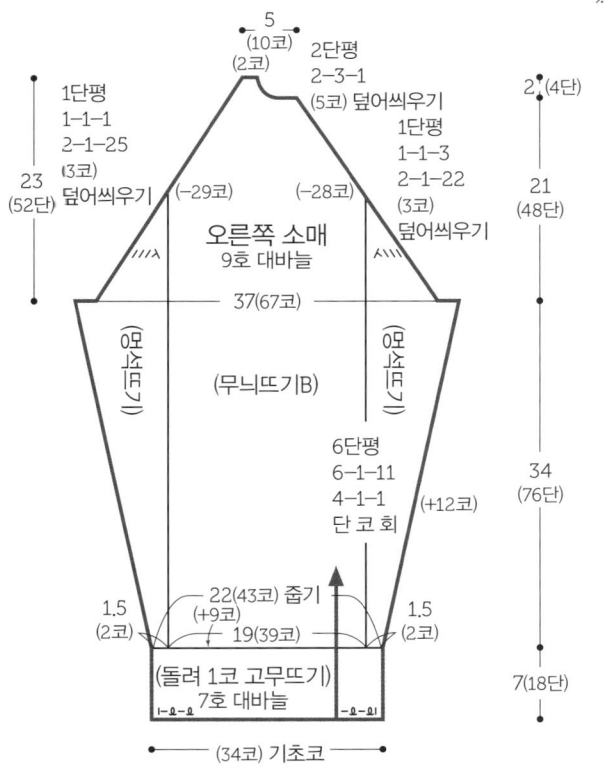
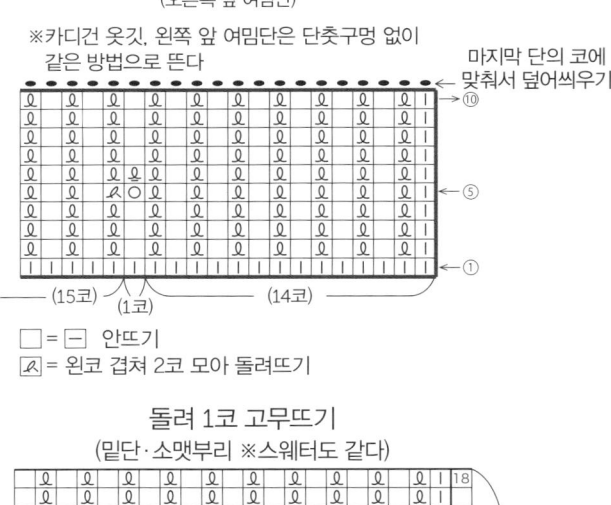

◎ 몸판·소매의 무늬뜨기 기호도(→ p.104~107)

블랙베리와 나무무늬 스웨터 '남성용 M'

photo p.95

- ○**실** 퍼피 브리티시 에로이카 연한 베이지 (143) 780g
- ○**도구** 대바늘 9호, 7호, 6호
- ○**완성 치수** 가슴둘레 112cm, 전체 길이 67cm, 뒷목 중심~소맷부리 82cm
- ○**게이지** 멍석뜨기(10×10cm) 16코×22.5단, 무늬뜨기A 40cm 84코×10cm 22.5단, 무늬뜨기B 19cm 39코×10cm 22.5단
- ○**뜨는 법** 몸판…손가락에 걸어 만드는 기초코로 코를 잡는다. 밑단의 돌려 1코 고무뜨기를 뜬 뒤 계속 무늬뜨기A와 멍석뜨기를 하는데 1번째 단에서 평균적으로 코 늘리기를 한다. 옆 폭의 코는 덮어씌우기하고, 래글런 라인은 가장자리 3코를 세워서 코 줄이기를 한다. 마무리는 덮어씌우기로 코막음하는데,

뒤판은 중심의 무늬에서 코를 줄이면서 덮어씌우기로 코막음한다.

소매…몸판과 같은 방법으로 뜨기 시작해 무늬뜨기B와 멍석뜨기를 한다. 소매 옆선은 1코 안쪽에서 돌려뜨기로 코 늘리기를 하고, 래글런 라인은 덮어씌우기와 가장자리 3코를 세워서 코 줄이기를 한다. 덮어씌우기로 코막음해 마무리한다. 좌우대칭으로 2장 뜬다.

마무리…몸판과 소매의 래글런 라인을 맞대고 떠서 꿰매기로 잇고 몸판 옆선, 소매 옆선도 떠서 꿰매기로 잇는다. 옆 폭의 코는 메리야스 잇기를 한다. 옷깃은 원형뜨기로 돌려 1코 고무뜨기를 하는데 그림의 위치에서 바늘 호수를 바꿔서 뜬다. 마무리는 덮어씌우기로 코막음하고 안쪽으로 접어서 코 줍는 위치에 감친다.

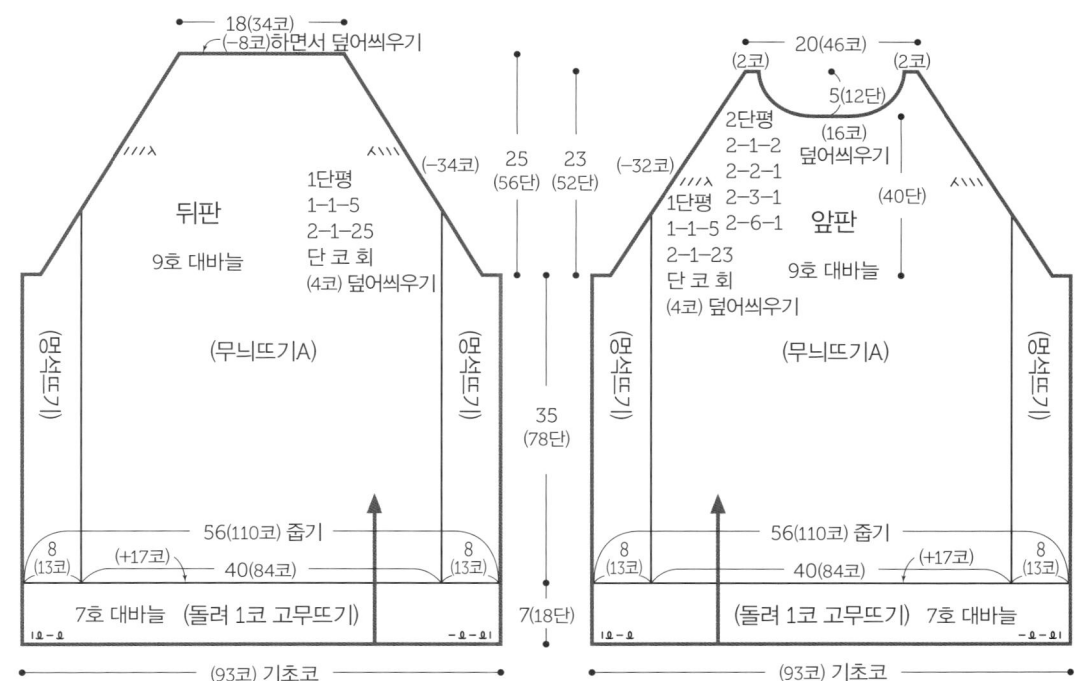

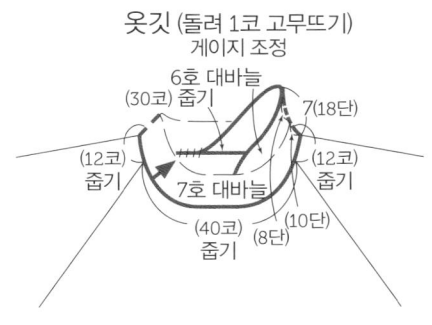

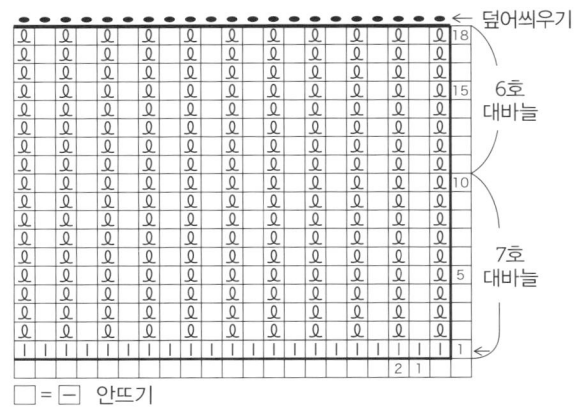

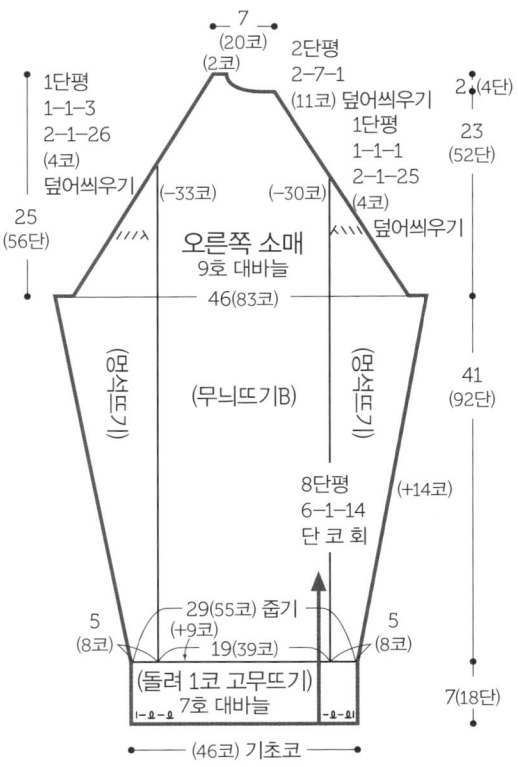

◎ 몸판·소매의 무늬뜨기 기호도(→p.104~107)

◎ 블랙베리와 나무무늬 카디건(p.102), 스웨터(p.103)에서 계속

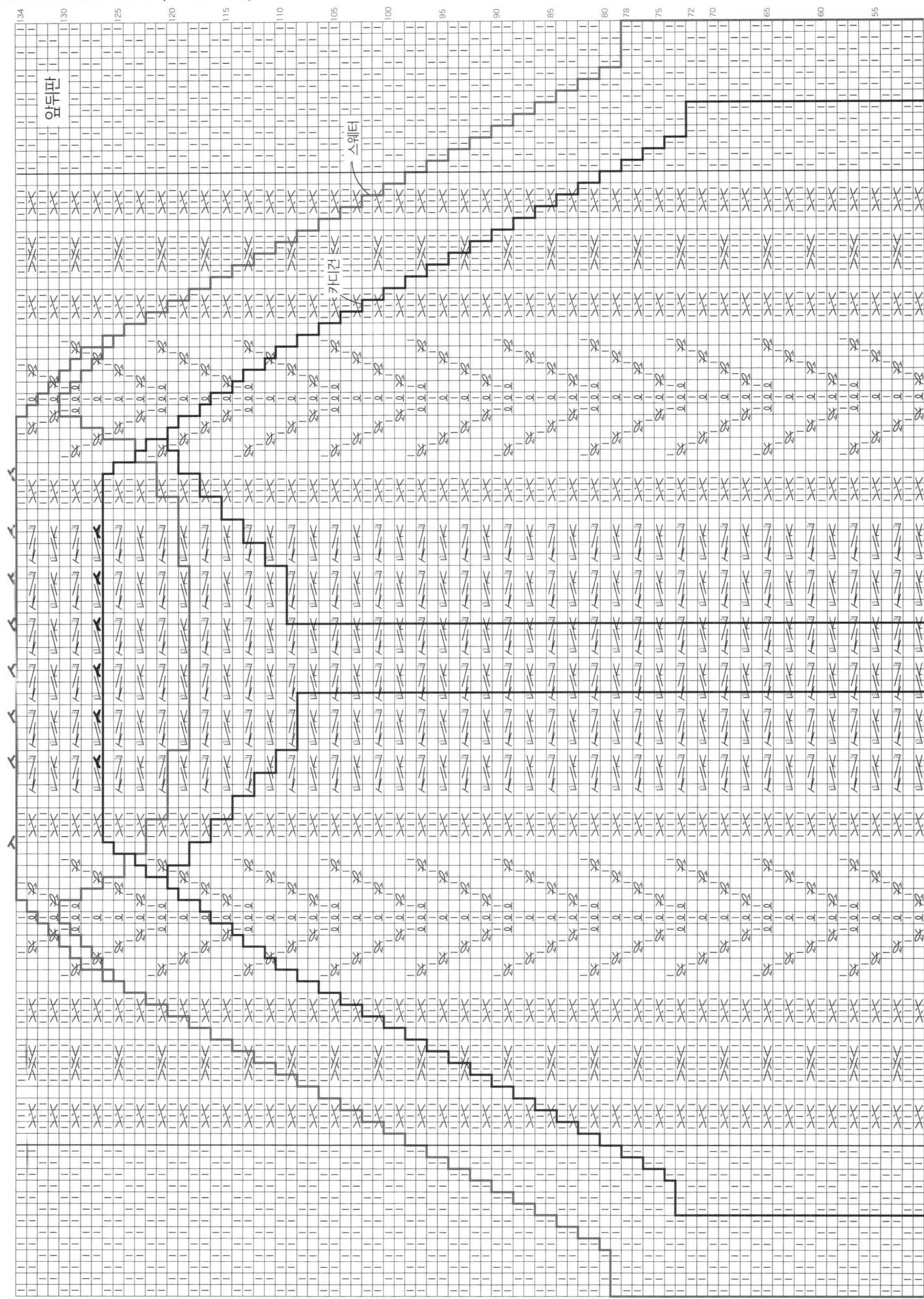

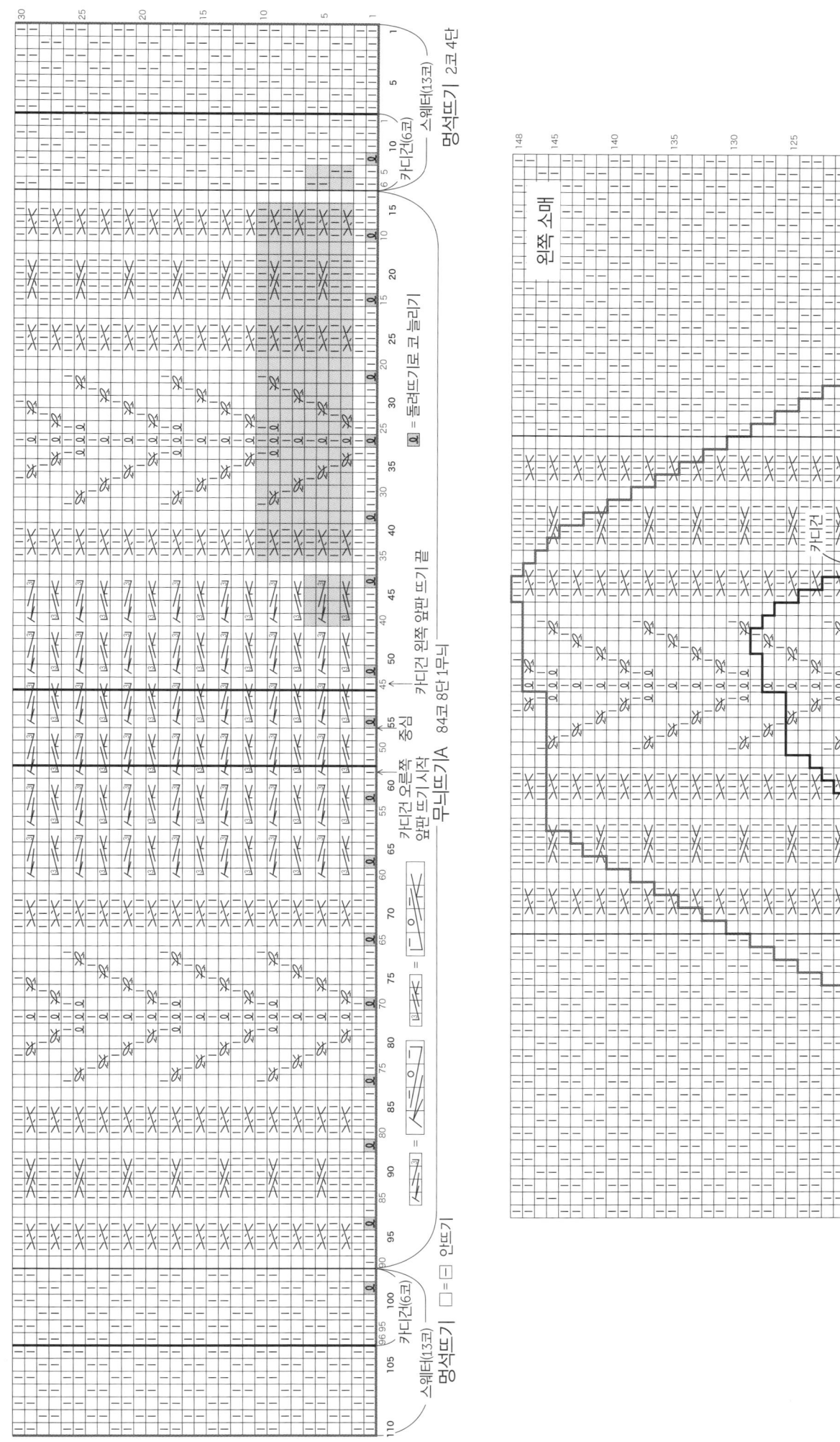

◎ 블랙베리와 나무무늬 카디건(p.102), 스웨터(p.103)에서 계속

◎ 다이아몬드와 나무무늬 손모아장갑(p.101)에서 계속

엄지
(안메리야스뜨기)

3호 대바늘

엄지

왼손 손끝 무늬의 코 줄이기

□ = ⊟ 안뜨기 ⓠ = 돌려뜨기로 코 늘리기

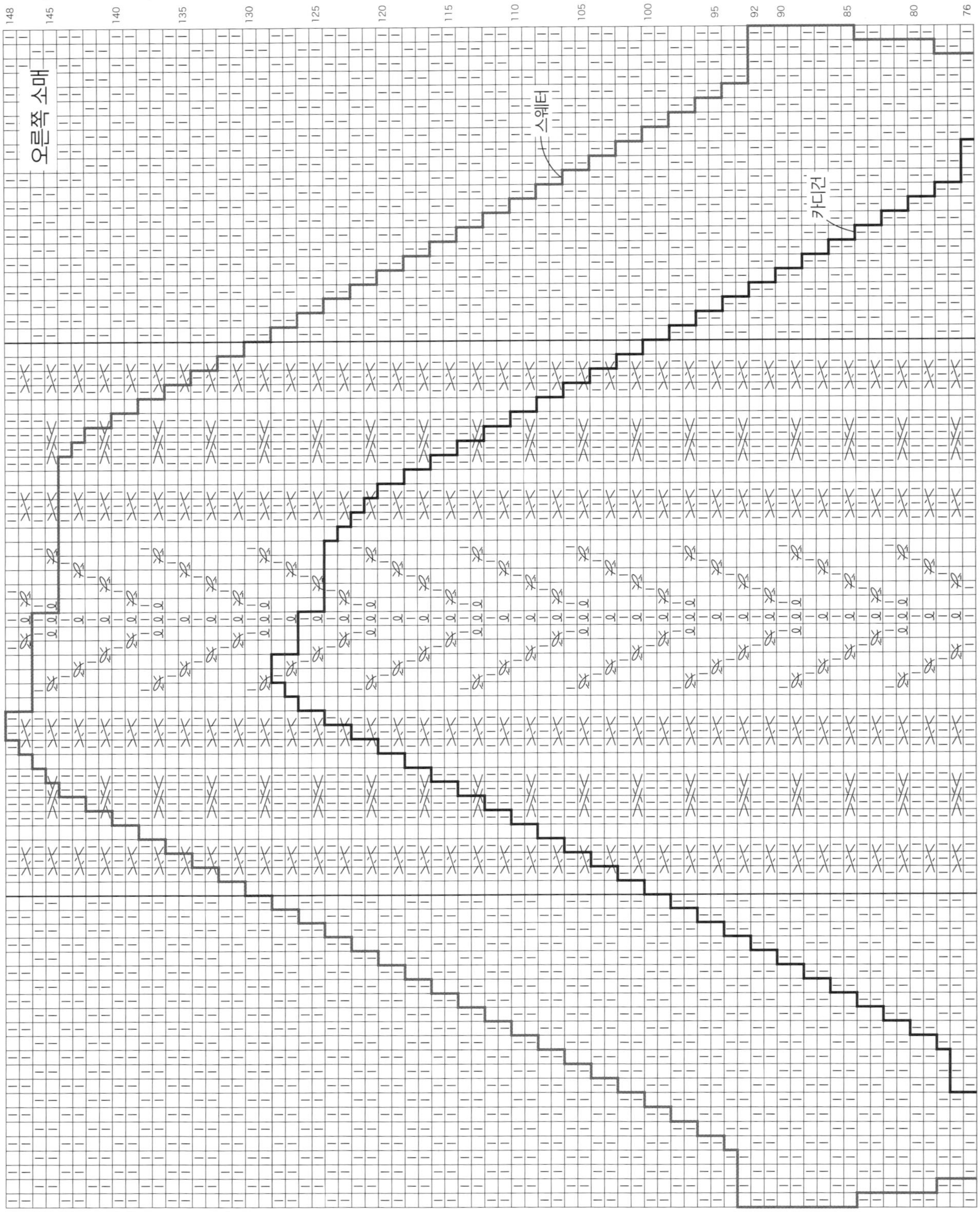

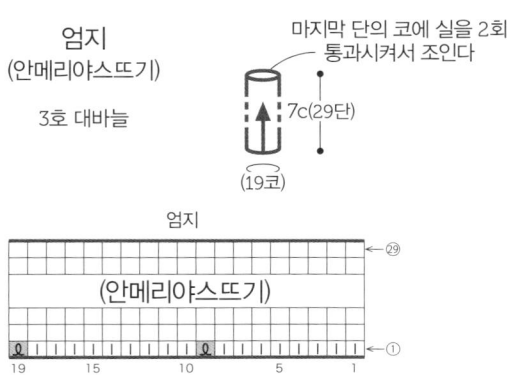

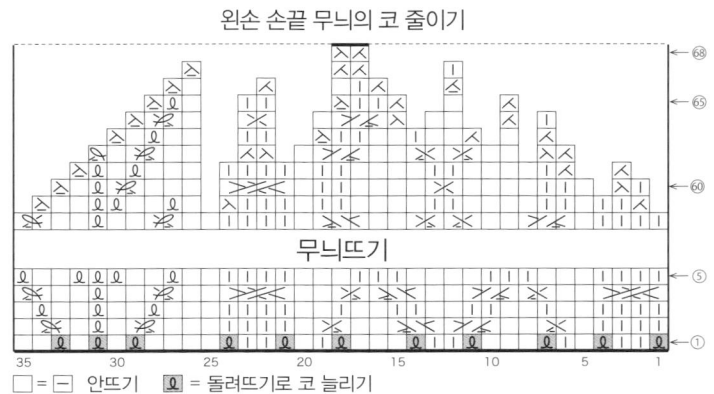

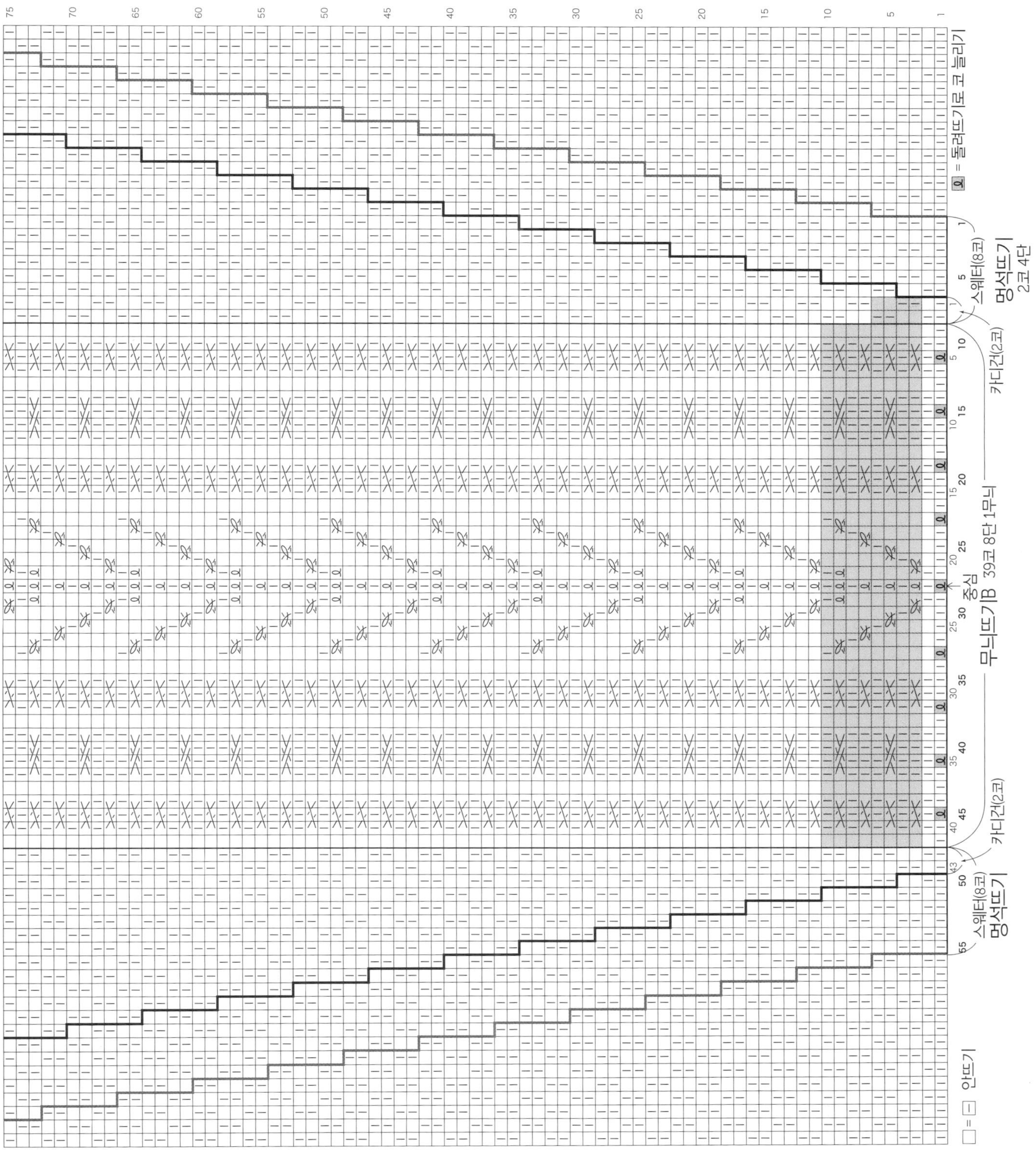

메리야스 잇기

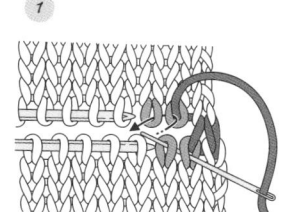

뜨개바탕 2장을 맞붙이고 가장자리 코끼리 바늘을 넣는다. 다음부터 앞쪽 뜨개바탕과 뒤쪽 뜨개바탕의 2코마다 바늘을 넣는다.

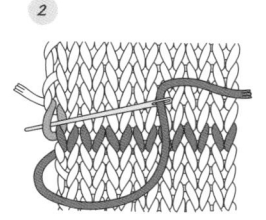

마지막에는 앞쪽에서 뒤쪽 코에 바늘을 넣는다. 뜨개바탕 가장자리는 반코가 어긋난다.

떠서 꿰매기

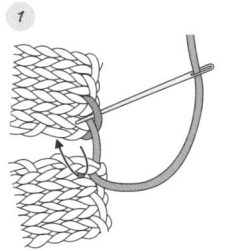

앞뒤 모두 돗바늘로 기초코의 실을 줍는다.

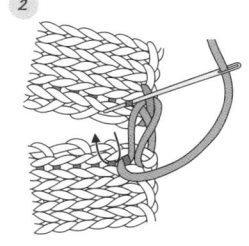

가장자리 1코 안쪽의 코와 코 사이의 실을 1단씩 교대로 주워서 실을 당긴다.

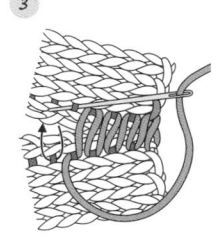

2를 반복하고, 꿰매는 실은 울지 않을 정도로 당겨서 보이지 않도록 한다.

뜨는 법 기초 Basic Technique Guide

왼코 교차뜨기

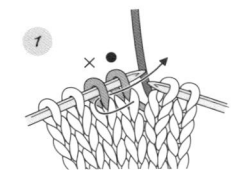
×코에 ●코 앞쪽에서 화살표처럼 오른쪽 바늘을 넣는다.

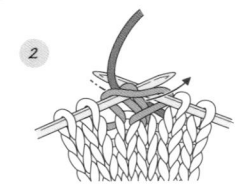
바늘에 실을 걸고 화살표처럼 끌어내 겉뜨기한다.

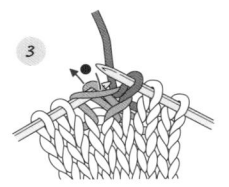
뜬 코는 그대로 두고 ●코에 바늘을 넣어 겉뜨기한다.

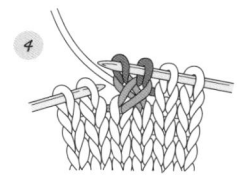
왼코 교차뜨기 완성.

오른코 교차뜨기

×코에 ●코 뒤쪽에서 화살표처럼 오른쪽 바늘을 넣는다.

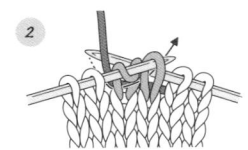
바늘에 실을 걸고 화살표처럼 끌어내 겉뜨기한다.

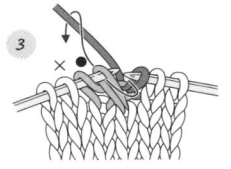
×코는 그대로 두고 ●코에 바늘을 넣어 겉뜨기한다.

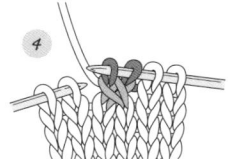
오른코 교차뜨기 완성.

왼코 위 2코 교차뜨기

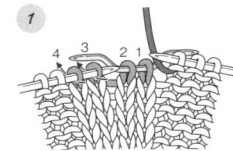
오른쪽 2코를 꽈배기바늘에 옮겨서 뒤쪽에 두고 코3·4를 겉뜨기한다.

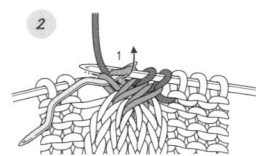
코1에 오른쪽 바늘을 넣어 겉뜨기한다.

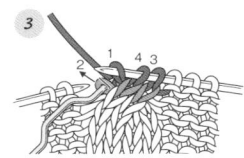
코2도 겉뜨기한다.

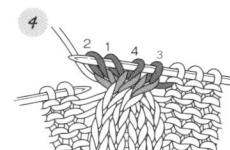
왼코 위 2코 교차뜨기 완성.

오른코 위 2코 교차뜨기

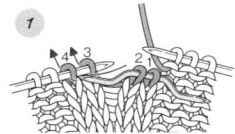
오른쪽 2코를 꽈배기바늘에 옮겨서 앞쪽에 두고 코3·4를 겉뜨기한다.

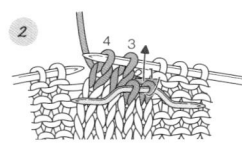
코1에 화살표처럼 오른쪽 바늘을 넣어 겉뜨기한다.

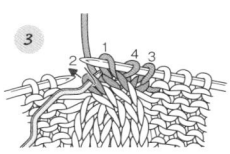
코2도 같은 방법으로 겉뜨기한다.

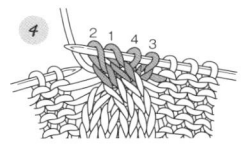
오른코 위 2코 교차뜨기 완성.

왼코 위 2코 교차뜨기
(중앙에 안뜨기 1코 넣기)

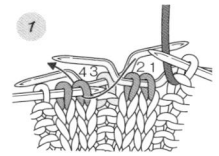
코1·2를 한 꽈배기바늘에, 코3을 다른 꽈배기바늘에 옮겨 각각 뒤쪽에 둔다. 코4·5를 겉뜨기한다.

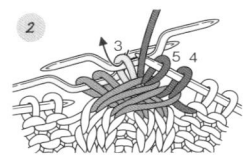
코1·2를 코3 앞쪽을 통과해 왼쪽으로 옮기고 코3을 안뜨기한다.

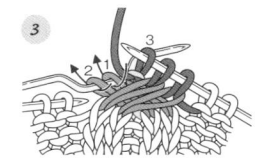
코1·2를 겉뜨기한다.

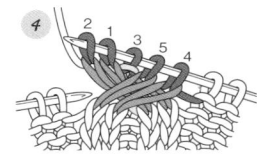
왼코 위 2코 교차뜨기(중앙에 안뜨기 1코 넣기) 완성.

오른코 위 2코 교차뜨기
(중앙에 안뜨기 1코 넣기)

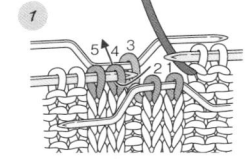
코1·2를 꽈배기바늘에 옮겨서 앞쪽에, 코3을 다른 꽈배기바늘에 옮겨서 뒤쪽에 둔다. 코4·5를 겉뜨기한다.

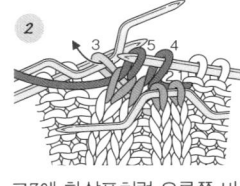
코3에 화살표처럼 오른쪽 바늘을 넣어 안뜨기한다.

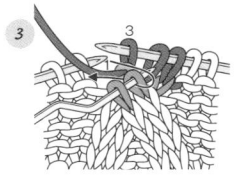
코1·2를 겉뜨기한다.

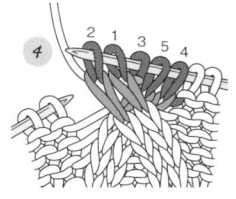
오른코 위 2코 교차뜨기(중앙에 안뜨기 1코 넣기) 완성.

왼코 교차뜨기
(아래쪽 안뜨기)

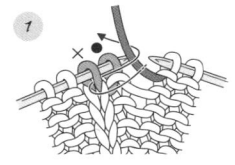
●코의 앞쪽에서 ×코에 화살표처럼 오른쪽 바늘을 넣어 겉뜨기한다.

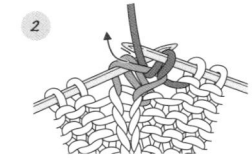
뜬 코는 그대로 두고 ●코에 뒤쪽에서 바늘을 넣는다.

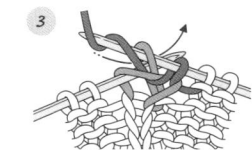
바늘에 실을 걸어 안뜨기한다.

왼코 교차뜨기(아래쪽 안뜨기) 완성.

오른코 교차뜨기
(아래쪽 안뜨기)

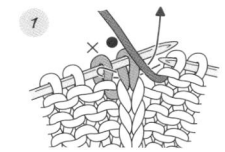
실을 앞쪽에 두고 ●코의 뒤쪽에서 ×코에 화살표처럼 오른쪽 바늘을 넣는다.

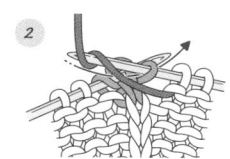
바늘에 실을 걸어 안뜨기한다.

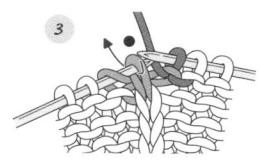
뜬 코는 그대로 두고 ●코에 바늘을 넣어 겉뜨기한다.

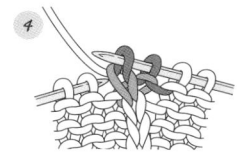
오른코 교차뜨기(아래쪽 안뜨기) 완성.

왼코 위 돌려 교차뜨기
(아래쪽 안뜨기)

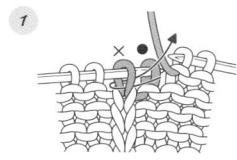
●코의 앞쪽에서 ×코에 화살표처럼 오른쪽 바늘을 넣어 ●코의 오른쪽으로 코를 끌어낸다.

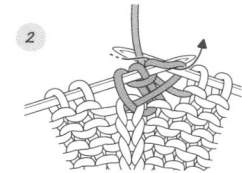
화살표처럼 실을 끌어내 돌려뜨기한다.

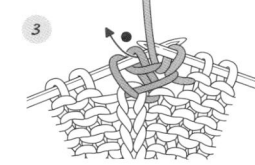
뜬 코는 그대로 두고 ●코의 뒤쪽에서 바늘을 넣어 안뜨기한다.

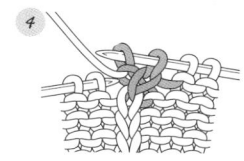
왼코 위 돌려 교차뜨기(아래쪽 안뜨기) 완성.

오른코 위 돌려 교차뜨기
(아래쪽 안뜨기)

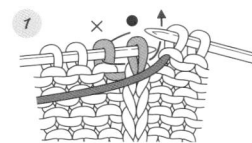
●코 뒤쪽에서 ×코에 화살표처럼 오른쪽 바늘을 넣는다.

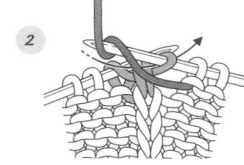
●코 오른쪽으로 코를 끌어낸다. 화살표처럼 실을 끌어내 안뜨기한다.

뜬 코는 그대로 두고 ●코에 바늘을 넣어서 돌려뜨기한다.

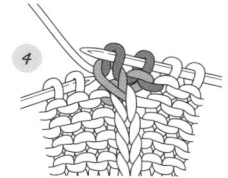
오른코 위 돌려 교차뜨기(아래쪽 안뜨기) 완성.

중심 1코에서 좌우 교차뜨기

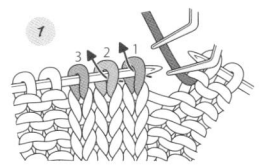
코1·2를 각각 다른 꽈배기바늘에 옮긴다.

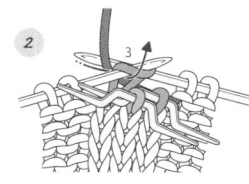
코1·2를 앞쪽에 둔다. 코3에 오른쪽 바늘을 넣어 겉뜨기한다.

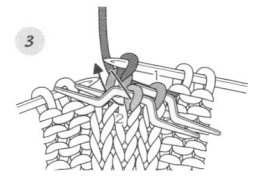
코2를 앞쪽에 두고 코1을 왼쪽으로 이동한다. 코2에 오른쪽 바늘을 넣는다.

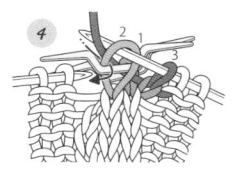
겉뜨기한다.

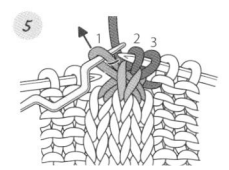
코1에 오른쪽 바늘을 넣는다.

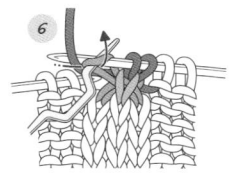
겉뜨기한다.

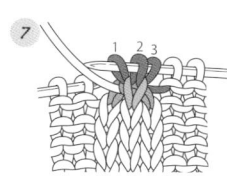
중심 1코에서 좌우 교차뜨기 완성.

왼코에 꿴 교차뜨기
(오른코를 꿴 교차뜨기)

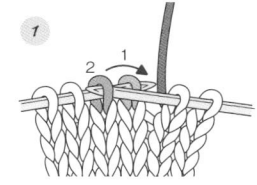
코2에 오른쪽 바늘을 넣어서 화살표처럼 코1에 덮어씌워 순서를 바꾼다.

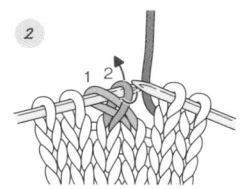
코2에 화살표처럼 오른쪽 바늘을 넣어 겉뜨기한다.

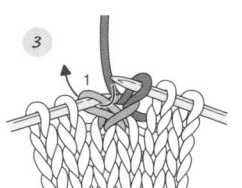
코1에 오른쪽 바늘을 넣어서 겉뜨기한다.

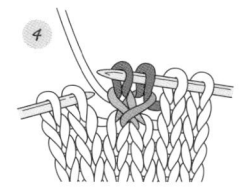
왼코에 꿴 교차뜨기(오른코를 꿴 교차뜨기) 완성.

오른코에 꿴 교차뜨기
(왼코를 꿴 교차뜨기)

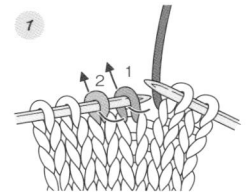
화살표처럼 바늘을 넣어 코1·2를 오른쪽 바늘로 옮긴다.

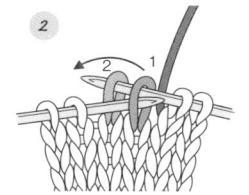
왼쪽 바늘로 코1을 코2에 덮어씌워 왼쪽 바늘로 돌려놓는다.

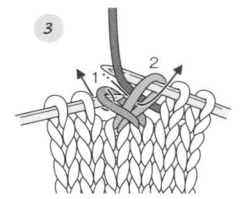
오른쪽 바늘에 실을 걸고 코2·1 순으로 겉뜨기한다.

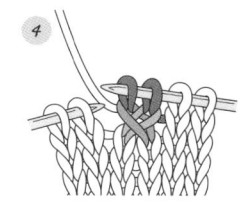
오른코에 꿴 교차뜨기(왼코를 꿴 교차뜨기) 완성.

걸러뜨기	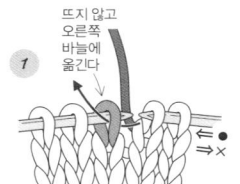 실을 뒤쪽에 둔 상태에서 뜨지 않고 코를 오른쪽 바늘에 옮긴다.	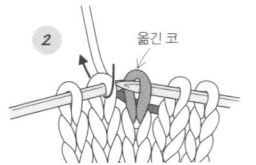 다음 코를 뜬다.	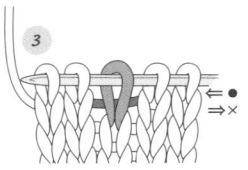 걸러뜨기 완성.	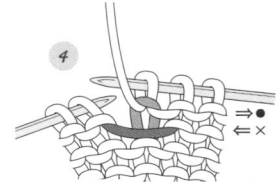 다음 단은 기호도대로 뜬다.
왼코 위 걸러 교차뜨기	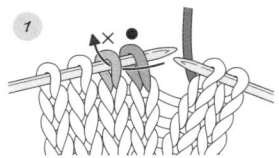 ●코의 앞쪽에서 ×코에 오른쪽 바늘을 넣는다.	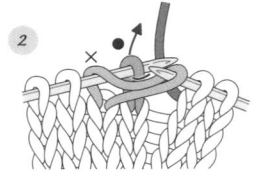 ×코를 오른쪽으로 끌어내고 ●코에 오른쪽 바늘을 넣는다.	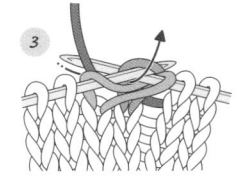 겉뜨기하고 왼쪽 바늘을 뺀다.	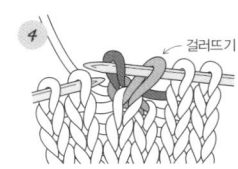 왼코 위 걸러 교차뜨기 완성.
오른코 위 걸러 교차뜨기	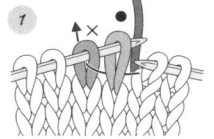 ●코의 뒤쪽에서 ×코에 오른쪽 바늘을 넣는다.	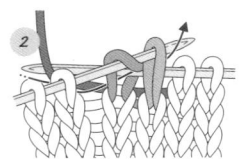 겉뜨기한다.	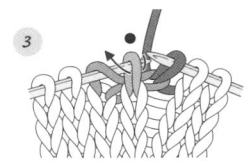 ●코에 바늘을 넣어 코를 옮긴다.	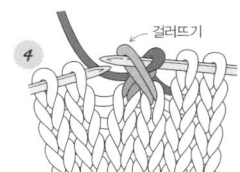 오른코 위 걸러 교차뜨기 완성.
왼코 겹쳐 3코 모아뜨기에서 3코 늘려뜨기 	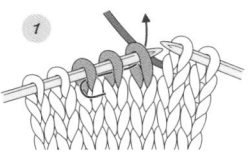 화살표처럼 3코의 왼쪽에서 오른쪽 바늘을 넣는다.	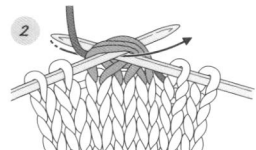 실을 걸어서 끌어내 겉뜨기한다.	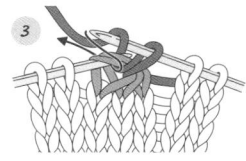 그대로 걸기코, 겉뜨기를 같은 코에 한다.	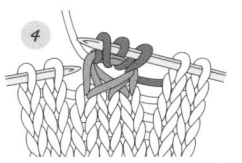 왼코 겹쳐 3코 모아뜨기에서 3코 늘려뜨기 완성. 콧수는 변하지 않는다.
왼코에 꿴 매듭뜨기 (3코일 때) 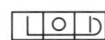	 3번째 코에 오른쪽 바늘을 넣어 화살표처럼 오른쪽 2코에 덮어씌운다.	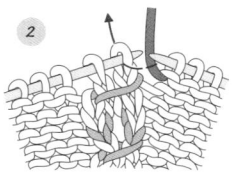 1번째 코를 겉뜨기한다.	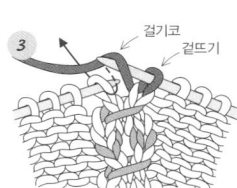 이어서 걸기코, 겉뜨기를 한다.	 왼코에 꿴 매듭뜨기(3코일 때) 완성.
5코 2단 매듭뜨기	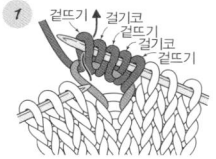 1코에서 5코(겉뜨기, 걸기코, 겉뜨기, 걸기코, 겉뜨기)를 떠서 왼쪽 바늘에 옮긴다.	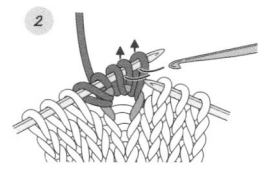 1코 1코에 코바늘을 화살표처럼 넣어서 옮긴다.	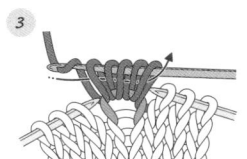 코바늘에 실을 걸어 5코에서 한 번에 끌어내 오른쪽 대바늘에 다시 돌려놓는다.	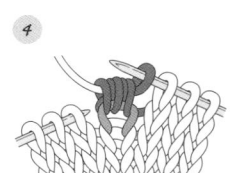 5코 2단 매듭뜨기 완성.
5코 5단 구슬뜨기 (중심 5코 모아뜨기) 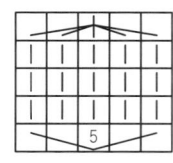	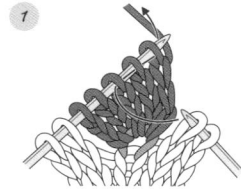 1코에서 5코를 떠서 3단을 뜬다. 오른쪽 3코에 바늘을 넣어 코를 옮긴다.	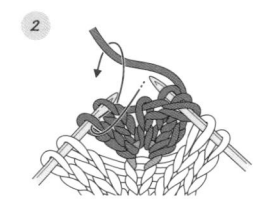 남은 2코에 오른쪽 바늘을 한 번에 넣어 겉뜨기한다.	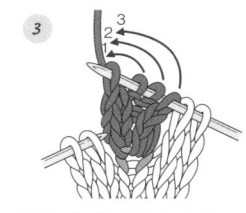 왼쪽 바늘을 사용해, 옮긴 3코를 겉뜨기한 코에 덮어씌운다.	 5코 5단 구슬뜨기(중심 5코 모아뜨기) 완성.

3단 끌어올려 3코 구슬뜨기

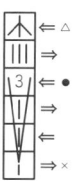

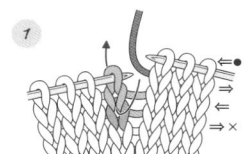
3단 아래의 코에 화살표처럼 오른쪽 바늘을 넣는다.

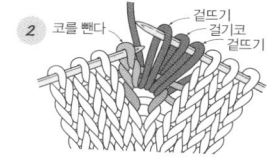
같은 코에 겉뜨기, 걸기코, 겉뜨기를 하고 왼쪽 바늘의 1코를 뺀다.

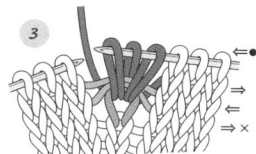
바늘에서 뺀 코를 푼다.

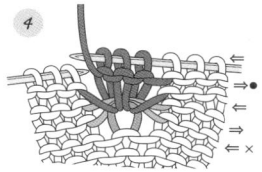
다음 단은 떠놓은 3코를 안뜨기한다.

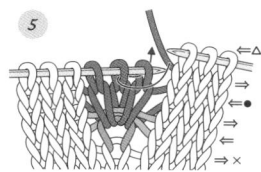
다음 단에서 떠놓은 3코를 중심 3코 모아뜨기한다.

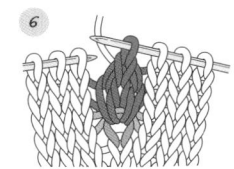
3단 끌어올려 3코 구슬뜨기 완성.

긴뜨기 3코 구슬뜨기
(기둥코로 사슬 2코)

코의 앞쪽에서 코바늘을 넣고 실을 걸어 끌어낸다.

기둥코로 사슬 2코를 뜬다.

코바늘에 실을 걸고 떠놓은 같은 코에 바늘을 넣는다.

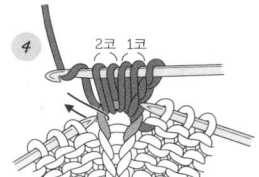
미완성 긴뜨기를 3코 뜬다.

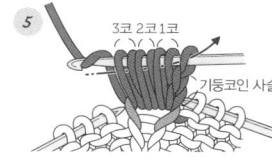
실을 걸어서 모든 코를 한 번에 빼뜬다.

다시 실을 걸어서 빼뜨기해 코를 조인다.

긴뜨기 3코 구슬뜨기 완성.

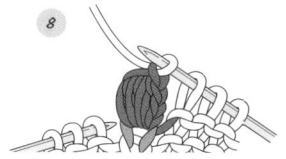
코가 돌아가지 않도록 주의하면서 코바늘의 코를 오른쪽 대바늘에 돌려놓는다.

한길긴뜨기 2코 구슬뜨기

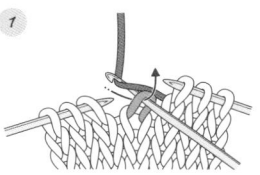
코의 앞쪽에서 코바늘을 넣고 실을 걸어서 끌어내 기둥코로 사슬 3코를 뜬다.

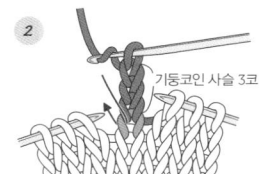
실을 걸고 떠놓은 같은 코에 바늘을 넣는다.

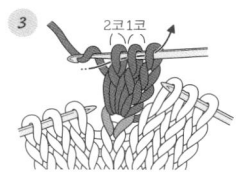
미완성 긴뜨기를 2코 뜬다. 다시 실을 걸어서 모든 코를 한 번에 빼뜬다.

코가 돌아가지 않도록 주의하면서 코바늘의 코를 오른쪽 대바늘에 돌려놓는다. 한길긴뜨기 2코 구슬뜨기 완성.

3코 끌어올려뜨기

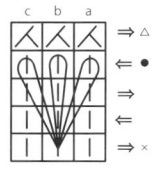

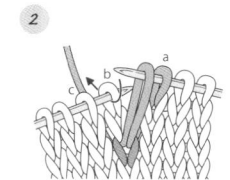
●단에서 한다. 먼저 코 a를 뜨고 코 b의 3단 아래에 오른쪽 바늘을 넣는다.

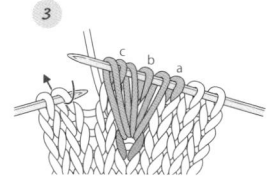
실을 걸어서 끌어낸다. 코 b·c도 같은 방법으로 뜬다.

그대로 다음 코를 뜬다.

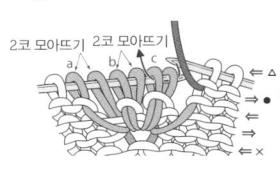
△는 안을 보고 뜨는 단. c 2코에 오른쪽 바늘을 넣어 모아뜨기한다.

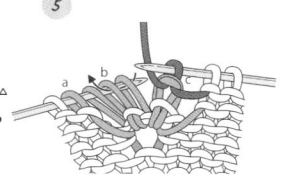
b 2코, a 2코도 같은 방법으로 2코 모아뜨기한다.

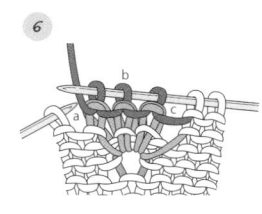
3코 끌어올려뜨기(안쪽) 완성.

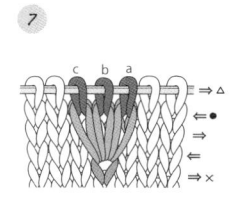
겉에서 본 모습.

"ZOHO KAITEIBAN ARAN MOYO 110" (NV70615)
Copyright ©NIHON VOGUE-SHA 2020
All rights reserved.
First published in Japan in 2020 by NIHON VOGUE Corp.
Photographer: Noriaki Moriya
This Korean edition is published by arrangement
with NIHON VOGUE Corp., Tokyo
In care of Tuttle-Mori Agency, Inc., Tokyo through Botong Agency, Seoul

이 책의 한국어판 저작권은 Botong Agency를 통한
저작권자와의 독점 계약으로 한스미디어가 소유합니다.
신 저작권법에 의하여 한국 내에서 보호를 받는 저작물이므로
무단전재와 무단복제를 금합니다.
이 책에 게재되어 있는 작품을 복제하여 판매하는 것은 금지되어 있습니다.

대바늘 아란무늬 패턴집 110

1판 1쇄 발행 | 2021년 10월 28일
1판 3쇄 발행 | 2024년 8월 30일

지은이   일본보그사
옮긴이   남궁가윤
펴낸이   김기옥

실용본부장   박재성
편집 실용 2팀   이나리, 장윤선
마케터   이지수
지원   고광현, 김형식

디자인   푸른나무디자인
인쇄·제본   민언프린텍

펴낸곳   한스미디어(한즈미디어(주))
주소   121-839 서울시 마포구 양화로 11길 13(서교동, 강원빌딩 5층)
전화 02-707-0337 | 팩스 02-707-0198 | 홈페이지 www.hansmedia.com
출판신고번호 제 313-2003-227호 | 신고일자 2003년 6월 25일

ISBN 979-11-6007-744-5 13590

책값은 뒤표지에 있습니다.
잘못 만들어진 책은 구입하신 서점에서 교환해 드립니다.